Decisões
ECONÔMICAS

Decisões ECONÔMICAS

Você Já Parou Para Pensar?

Vera Rita de Mello Ferreira

Presidente da **IAREP** - International Association for Research in Economic Psychology

ALTA BOOKS
GRUPO EDITORIAL
Rio de Janeiro, 2023

Decisões Econômicas

Copyright © 2023 da Starlin Alta Editora e Consultoria Eireli.
ISBN: 978-85-508-1743-9

Impresso no Brasil – 1ª Edição, 2023 – Edição revisada conforme o Acordo Ortográfico da Língua Portuguesa de 2009.

Todos os direitos estão reservados e protegidos por Lei. Nenhuma parte deste livro, sem autorização prévia por escrito da editora, poderá ser reproduzida ou transmitida. A violação dos Direitos Autorais é crime estabelecido na Lei nº 9.610/98 e com punição de acordo com o artigo 184 do Código Penal.

A editora não se responsabiliza pelo conteúdo da obra, formulada exclusivamente pelo(s) autor(es).

Marcas Registradas: Todos os termos mencionados e reconhecidos como Marca Registrada e/ou Comercial são de responsabilidade de seus proprietários. A editora informa não estar associada a nenhum produto e/ou fornecedor apresentado no livro.

Erratas e arquivos de apoio: No site da editora relatamos, com a devida correção, qualquer erro encontrado em nossos livros, bem como disponibilizamos arquivos de apoio se aplicáveis à obra em questão.
Acesse o site www.altabooks.com.br e procure pelo título do livro desejado para ter acesso às erratas, aos arquivos de apoio e/ou a outros conteúdos aplicáveis à obra.

Suporte Técnico: A obra é comercializada na forma em que está, sem direito a suporte técnico ou orientação pessoal/exclusiva ao leitor.

A editora não se responsabiliza pela manutenção, atualização e idioma dos sites referidos pelos autores nesta obra.

Dados Internacionais de Catalogação na Publicação (CIP) de acordo com ISBD

F383d   Ferreira, Vera Rita de Mello
           Decisões econômicas: você já parou para pensar? / Vera Rita de Mello Ferreira. - Rio de Janeiro : Alta Books, 2023.
           160 p. ; 16cm x 23cm.

           Inclui índice.
           ISBN: 978-85-508-1743-9

           1. Economia. 2. Finanças. 3. Educação financeira. I. Título.

2022-4052   CDD 332.04
                                                           CDU 336:37

Elaborado por Odilio Hilario Moreira Junior - CRB-8/9949

Índice para catálogo sistemático:
1.! Economia : Educação financeira 332.04
2.! Economia : Educação financeira 336:37

Produção Editorial
Grupo Editorial Alta Books

Diretor Editorial
Anderson Vieira
anderson.vieira@altabooks.com.br

Editor
José Ruggeri
j.ruggeri@altabooks.com.br

Gerência Comercial
Claudio Lima
claudio@altabooks.com.br

Gerência Marketing
Andréa Guatiello
andrea@altabooks.com.br

Coordenação Comercial
Thiago Biaggi

Coordenação de Eventos
Viviane Paiva
comercial@altabooks.com.br

Coordenação ADM/Finc.
Solange Souza

Coordenação Logística
Waldir Rodrigues

Direitos Autorais
Raquel Porto
rights@altabooks.com.br

Gestão de Pessoas
Jairo Araújo

Produtor Editorial
Thales Silva

Assistente Editorial
Gabriela Paiva

Produtores Editoriais
Illysabelle Trajano
Maria de Lourdes Borges
Paulo Gomes
Thiê Alves

Equipe Comercial
Adenir Gomes
Andrea Riccelli
Ana Claudia Lima
Daiana Costa
Everson Sete
Kaique Luiz
Luana Santos
Maira Conceição
Natasha Sales
Pablo Frazão

Equipe Editorial
Ana Clara Tambasco
Andreza Moraes

Arthur Candreva
Beatriz de Assis
Beatriz Frohe
Betânia Santos
Brenda Rodrigues
Caroline David
Erick Brandão
Elton Manhães
Fernanda Teixeira
Henrique Waldez
Karolayne Alves
Kelry Oliveira
Lorrahn Candido
Luana Maura
Marcelli Ferreira
Mariana Portugal
Matheus Mello
Milena Soares
Patricia Silvestre
Viviane Corrêa
Yasmin Sayonara

Marketing Editorial
Amanda Mucci
Guilherme Nunes
Livia Carvalho
Thiago Brito

Atuaram na edição desta obra:

Revisão Gramatical
Ana Mota
Helder Novaes

Diagramação
Rita Motta

Capa
Marcelli Ferreira

Editora
afiliada à: ASSOCIADO

Rua Viúva Cláudio, 291 – Bairro Industrial do Jacaré
CEP: 20 970-031 – Rio de Janeiro (RJ)
Tels.: (21) 3278-8069 / 3278-8419
www.altabooks.com.br – altabooks@altabooks.com.br
Ouvidoria: ouvidoria@altabooks.com.br

Este livro é dedicado a meus pais, Anísio Ferreira Filho (in memoriam) e Coraly Pimentel de Mello Ferreira, que sempre tiveram a profunda generosidade de dividir conosco tudo que tinham.

AGRADECIMENTOS

Precisei tomar uma decisão difícil. Considerando o recurso escasso, que é o espaço no livro, tive que radicalizar: não poderei citar nominalmente o grande número de pessoas que têm me ajudado a começar a construir este vértice para examinar as decisões econômicas. Foram os colegas internacionais da IAREP (*International Association for Research in Economic Psychology*) e da SABE (*Society for the Advancement of Behavioral Economics*), os amigos brasileiros da nossa nascente comunidade "Psi-Econ", clientes, alunos, companheiros de grupos de estudos e outras iniciativas que estamos semeando no Brasil, orientadores de teses e dissertações, professores e, desde lá atrás, os mestres e colegas da Psicanálise. Tem um pouquinho de cada um aqui e, a todos, minha enorme gratidão!

SUMÁRIO

Prefácio   1

Apresentação   5

CAPÍTULO 1
Decisões econômicas:
por que conhecer este assunto?   7

CAPÍTULO 2
O golpe do falso sequestro   17

CAPÍTULO 3
Você sabia?   21

CAPÍTULO 4
Um papo inicial:
por que nossa cabeça "apronta" com a gente tantas vezes?   35

CAPÍTULO 5
Armadilhas
ou os riscos que corremos e como podemos entrar pelo cano quando tentamos escolher a melhor alternativa econômica, mas nos equivocamos...   **47**

CAPÍTULO 6
Anatomia das decisões econômicas   **87**

CAPÍTULO 7
Dicas   **99**

CAPÍTULO 8
O Brasil e as decisões econômicas:
Propostas   **115**

CAPÍTULO 9
Porque não daria para ter escrito este livro antes de 1994
(ou, pelo menos, teria sido muito difícil...)   **125**

CAPÍTULO 10
Para concluir
e continuar   **131**

Para saber mais   137
Referências   139
Índice   145

PREFÁCIO

A vida é feita de escolhas, dizem... E não estão errados! Em geral, as escolhas se dão frente aos chamados *recursos escassos* que, aliás, vão além de dinheiro: tempo, atenção, saúde, autocontrole, esforço, concentração, recursos naturais, e a própria vida, são todos exemplos de *recursos finitos*.

Neste livro, você encontra exemplos sobre como tomamos decisões em diferentes âmbitos, as ciladas em que podemos cair ao longo desse processo e algumas diquinhas para evitá-las. Tudo isso tem um caráter atemporal, porque, em sua essência, a mente humana se desenvolve muito lentamente, guardando semelhanças com o funcionamento mental de nossos ancestrais, ainda que a evolução tecnológica possa voar quase na velocidade da luz!

Tudo isso para dizer que foi preciso tomar uma "decisão econômica clássica" na hora de reeditar este livro, originalmente publicado em 2007. Para começo de conversa, eu faço uma declaração de amor: eu adoro este 'livrinho', que é como eu o chamo, carinhosamente! Foi o primeiro que eu escrevi, enquanto redigia, também, a minha tese de doutorado, ou seja, estava com a cabeça a mil, cheia de fontes bibliográficas fascinantes, respirando psicologia econômica e ciências comportamentais por todos os poros!

A ideia de escrevê-lo nasceu em 2005-6, numa viagem à praia, durante o trajeto mesmo, (a velha Trabalhadores/Ayrton Senna – Mogi-Bertioga – Rio-Santos), em algum ponto da serra, num papo em que, se não me engano, foi meu interlocutor que fez essa sugestão. E, do que eu me lembro, acho que eu também abracei a ideia de imediato! Provavelmente, comecei a escrever, direto, no computador, mas talvez eu tenha anotado algumas ideias iniciais ainda à mão. Isso (eu não me lembrar bem dos detalhes) mostra que foi um processo meio fluido, sem um esforço gigantesco – ou seja, uma delícia!

Por isso, eu gosto tanto dele... Naquele momento, acho que eu sentia que tinha alguns recados para dar, também não foi difícil amarrar tudo, e o bichinho saiu de boa.

Feita a declaração de amor, voltamos a esta, que é sua terceira edição, 15 anos mais tarde. E foi aí que eu precisei escolher: partíamos para uma simples reedição, ou eu deveria tentar atualizá-lo, o que poderia significar, praticamente, escrever um novo livro? Confesso que não foi difícil, porque a segunda opção... bem, a segunda opção não existia! Ou mantínhamos o livro no mercado, nesta sua reedição, ou o livro, em si, é que deixaria de existir. O que, vamos encarar os fatos, seria tristíssimo, já que ele fez sentido para tanta gente...

Aliás, com relação a essa escolha, eu estava, também, sob o efeito da FINAL EDITION (escrito assim mesmo, para não deixar margem à dúvida) do grande *NUDGE*, o livro seminal, de Richard Thaler (Prêmio Nobel de Economia de 17) e Cass Sunstein (advogado brilhante, que trabalhou, e trabalha, nas gestões Obama e Biden, nos EUA), que tem sido um grande 'bíblia', para todos nós que estudamos e trabalhamos na interface psicologia-economia (se você der um Google rápido, já vai entender o porquê; busque, também, por *arquitetura de escolha*). Sunstein é um 'escritor serial', que parece pensar com as pontas dos dedos, autor de dezenas de livros, mas Thaler é um ser humano mais 'normal', e insistiu que a nova edição trouxesse essa advertência: NÃO HAVERÁ OUTRA depois desta! Isto é, como ele próprio relata, foi, praticamente, como escrever um novo livro, demandou um tempo enorme (eles aproveitaram o início da pandemia para essa empreitada).

Mas quem sou eu, para tentar me equiparar a tamanhos titãs da área? O máximo que foi possível, para esta mera mortal, foi adicionar alguns comentários estratégicos (sob a forma de notas), que chamam a atenção para fenômenos como o poder corrosivo da inflação, o caráter provisório de nossos desejos, a rapidez das mudanças tecnológicas e, desculpe qualquer coisa, mas não deu para segurar, eu apontei para o acerto de algumas previsões também – fazer o quê, né? (se aqui fosse mensagem eletrônica, caberia o emoji da piscada mostrando a língua...)

Então é isso: você tem em mãos um livro fácil de ler, que pode ser meio divertido, em alguns momentos, mas, acima de tudo, com algum potencial para despertar *insights*. Se for esse caso, eu já estarei muito, muito feliz!

Pronto – daqui para frente, é o original que te aguarda. Boa leitura!

Vera Rita de Mello Ferreira

APRESENTAÇÃO

Você quer muito aquele celular novo que tem mil funções legais – mas ele custa quase o mesmo que o seu salário! Só que você não consegue parar de pensar como seria bacana ter câmera, mp3, mandar e-mail, memória enorme, até vídeo![1] Você vai à loja pesquisar e constata que não, não vai dar – é muito caro para o seu orçamento! Mas continua com o bicho na cabeça... É meio do mês, as contas mais altas já chegaram e foram pagas, a fatura do cartão é só daqui a 10 dias... Você volta à loja num dia em que está meio irritado e, num impulso, decide: eu mereço, ora bolas! Nessa hora, não se lembra do saldo da conta bancária, dos outros compromissos que já assumiu, só se lembra que o cartão está com você e o limite ainda não estourou – e mais, só vai entrar na fatura do mês que vem!

É o que basta para você decidir – é agora. No mês seguinte, você se dá conta de que não tem dinheiro suficiente para a prestação do carro, nem para outras despesas importantes. E mais: seu cartão de crédito agora estourou, você está no limite do cheque especial, e os juros da lambança toda estão acima de 10% ao mês. Em outras palavras, adeus tranquilidade e contas em ordem. Agora você lamenta a grana que botou no celular novo, e também naqueles sapatos caros e em tudo que foi gastando como se a fatura do cartão fosse uma espécie de ficção. Como não é, você acaba caindo na real – e então percebe que aquele, definitivamente, não é seu lugar favorito!

Atire a primeira pedra quem nunca se arrependeu de uma decisão infeliz a respeito de algum assunto relacionado a dinheiro (ou outros 'recursos escassos',

---

[1] Em 2007, tudo isso era o máximo em um celular, certo? Mas, atualmente, podemos esperar câmera de alta definição, internet, e até vídeo em 4K!

como tempo e esforço, por exemplo). Ou quem nunca ficou indeciso frente a alternativas envolvendo essa questão, na dúvida sobre o que fazer, com medo de tomar o caminho errado e ter prejuízo. Ou quem nunca resolveu que faria tal coisa, mas quando chegou na hora H, acabou fazendo o inverso! Ou quem nunca se sentiu meio perdido em meio a tantas informações, muitas delas desencontradas, sobre como administrar sua vida financeira, com direito, inclusive, a desconfiar delas ou das fontes, e acabando por sentir-se desamparado, sem saber o que seria melhor fazer. E quem nunca se sentiu enganado, realmente, seja por terceiros, ou mesmo por suas próprias limitações?

Escolher a melhor alternativa para proteger seu dinheiro, ser capaz de ganhar, evitar perder, não desperdiçar, dar conta de tudo que precisa ser pago, fazer o pé-de-meia para a velhice, entre tantas outras decisões econômicas que precisamos tomar ao longo de toda a vida, não costuma ser fácil. Em especial porque, frequentemente, sequer somos capazes de seguir o que parecem ser as recomendações mais sensatas e, em vez disso, nos vemos em enrascadas difíceis de explicar – até para nós mesmos. Endividar-se é um exemplo clássico desse tipo de armadilha, mas não o único. Podemos encontrar outros no campo dos investimentos, aquisição de bens, partilhas, modalidades de pagamento... a lista pode ser bem longa.

Mas por que agiríamos de forma desfavorável a nós mesmos? Muita gente fala em "boicote", por exemplo. Mas isso não ajuda muito a entender, se for este o caso, as razões que nos levariam a um autoboicote. Para enxergar um pouco melhor o que se passa em nossa mente, é necessário chegar ao nosso funcionamento emocional, que é muito mais primitivo do que o lado racional – e pode, muitas vezes, parecer bem esquisito ou surpreendente. Seguindo essa pista, acreditamos que poderá tornar-se mais claro "onde mora o perigo" quando tomamos decisões. Sem considerar o componente emocional, fica difícil aprender com as experiências, cair a ficha quando erramos, modificar nosso comportamento de um modo geral.

Este livro, escrito em linguagem coloquial e voltado ao público em geral, embora sustentado por teorias e observações científicas, pretende alcançar tomadores de decisão em todos os níveis: de quem se preocupa com as próprias finanças, como profissional liberal, pequeno ou grande empresário, assalariado, ou quem gostaria de abrir seu próprio negócio, a pobres, ricos, envolvidos com políticas econômicas, gestores ou *homebrokers*, gente que pensa no futuro – e no presente também.

CAPÍTULO 1

DECISÕES ECONÔMICAS: *POR QUE CONHECER ESTE ASSUNTO?*

DECISÕES ECONÔMICAS:
POR QUE CONHECER ESTE ASSUNTO?

Para alguns autores, todas as decisões que tomamos são "econômicas". Isso não significa que sejam "financeiras", necessariamente. Finanças envolvem dinheiro, mais especificamente[1]. Economia, que no grego remete às regras da casa, do domicílio, das questões domésticas, define-se como o estudo da "alocação dos recursos finitos", isto é, como dispomos de tudo que possui escassez, que não é sem fim[2].

Dinheiro pode ser o primeiro exemplo a vir à cabeça dos mortais – pode ser que bilionários pensem sobre seu dinheiro como sendo infinito, mas, pessoalmente, duvido um pouco que até mesmo eles vejam a coisa dessa forma. Só que dinheiro não é o único bem finito – tempo, esforços pessoais e recursos naturais são outros deles, como bem sabemos. Não é possível fazer tudo que queremos na vida pela simples razão de que não teríamos tempo suficiente para isso! Da mesma forma, se nos dedicamos a uma atividade durante o dia, como trabalhar intensamente, talvez não nos sobre energia para fazer exercício físico ou sair com os amigos à noite – nossa capacidade de despender esforços tampouco é infinita.

---

[1] No dicionário Houaiss, encontramos a seguinte definição: finança (no singular) – ciência e atividade do manejo do dinheiro ou de títulos que o representem (com o acréscimo de que se referiria em especial ao Estado). HOUAISS, Antônio e VILLAR, Mauro de Salles. [*Dicionário Houaiss da Língua Portuguesa*. Rio de Janeiro: Objetiva, 2001.]

[2] No Houaiss, *economia*: gerenciamento de uma casa, especialmente das despesas domésticas; ciência que estuda os fenômenos relacionados com a obtenção e a utilização dos recursos materiais necessários ao bem-estar, entre outras acepções.

Quanto aos recursos naturais, vivemos uma época em que negar sua finitude tornou-se praticamente impossível. De repente, todo mundo decidiu plantar árvores para "neutralizar a emissão de carbono". Eis aí um exemplo de econômica, com a peculiaridade de tentar driblar a finitude dos recursos naturais. A gente torce para que dê certo. Aliás, pesquisa de 2007 apontou que a população brasileira é a mais consciente dos trágicos problemas ambientais que devemos enfrentar desde já[3]. Água e ar, que até pouco tempo eram considerados fontes quase inesgotáveis que poderiam ser exploradas sem preocupação, começam a ser, hoje, alvo de disputas cujas consequências estamos ainda longe de conseguir imaginar. Mas, lamentavelmente, não parecem indicar um futuro róseo.

Dessa forma, administrar recursos finitos e fazer escolhas dentre eles teria, sempre, um aspecto econômico embutido dentro do processo e, por isso, todas as decisões seriam econômicas. Esse ponto, se são todas econômicas ou não, não é o mais importante.

Neste livro, vamos procurar enxergar, como se fosse através de uma espécie de microscópio, como tomamos decisões e os fatores que mais influenciam nossas operações mentais quando escolhemos uma alternativa. Caberá a você, leitor, fazer as associações possíveis com situações de seu cotidiano e, tomara, poder aplicar alguns dos conhecimentos que fizerem sentido para você, às decisões que tiver que tomar em sua vida – independentemente de virem com o rótulo específico de "econômicas" ou não.

Decidir é sempre um desafio pelo seguinte: você precisa escolher um caminho agora, no presente, tentando enxergar suas consequências e efeitos lá adiante, no futuro. E como o futuro ainda não aconteceu, decidir implicará sempre em mover-se num cenário de incerteza e risco, características que constantemente nos deixam um pouco inquietos, na melhor das hipóteses.

Assim, de outro lado, investigadores acreditam que haveria uma única decisão primordial em nosso modo de operar, seja em que terreno for: se aguentamos encarar situações frustrantes ou se preferimos "fazer de conta" que elas não existem ou não são como, de fato, são. A partir dessa escolha fundamental, nossos

---

[3] Uma pesquisa realizada pelo Boston Consulting Group (BCG), em 2020, corrobora a indicação de que a população brasileira está entre as que têm maior preocupação com problemas ambientais. Disponível em: https://www.bcg.com/en-cl/publications/2020/pandemic-is-heightening-environmental-awareness.

atos subsequentes carregam ou a marca do pensar, isto é, poder usar a cabeça de forma mais criteriosa, ou da vulnerabilidade às ilusões, o desejo quase incontrolável de descarregar a tensão provocada dentro de nós pelos sentimentos chatos que acompanham a experiência da frustração.

Vamos explorar, aqui, as duas vertentes sobre as quais me apoio para discutir o tema do livro: descobertas trazidas por estudos da área situada na interface Psicologia-Economia, como a Psicologia Econômica, a Economia Comportamental, as Finanças Comportamentais e a Neuroeconomia, além daqueles realizados, especificamente, em torno do tema Julgamento e Tomada de Decisão, que em geral baseiam-se em experimentos realizados em laboratório ou em grandes levantamentos, com o uso de questionários e entrevistas sobre diversos tipos de comportamento econômico; e algumas observações proporcionadas pela situação clínica e pelo trabalho de *coaching* ou de consultoria em programas de intervenção psicoeconômica, sistematizadas com a ajuda de teorias psicanalíticas, a respeito do funcionamento psíquico, que é a nossa dinâmica mental, em especial, no que se refere ao lado emocional.

A Psicologia Econômica é um campo ainda bastante novo no Brasil, mas já existe há muito tempo na Europa e em outros países. Para se ter uma ideia, esta expressão foi utilizada, pela primeira vez, em 1881[4]! Dois pesquisadores também já receberam o Prêmio Nobel de Economia por estudos nessa área: em 1978, Herbert Simon, que tinha formação em Economia e Psicologia e propôs que nossa racionalidade, na verdade, é limitada, ou seja, dificilmente tomamos decisões plenamente racionais; e em 2002, Daniel Kahneman, este já identificado como psicólogo econômico de fato, que estudou, com um colega falecido antes da premiação, Amos Tversky, várias "ciladas" a que estamos expostos quando tomamos decisões, em função de nossas inúmeras limitações cognitivas.

O objeto de estudo da Psicologia Econômica é o comportamento econômico dos indivíduos, dos grupos e da população em geral. Em outras palavras, estuda-se como as pessoas influenciam a economia, como a economia as influencia

---

[4] Foi um jurista e pensador social francês, Gabriel Tarde, que parece ter criado esta combinação dos termos. Se você tiver interesse em conhecer mais sobre a história da Psicologia Econômica ou outros temas abordados aqui, em mais detalhes, pode consultar a tese de doutoramento *Psicologia Econômica – origens, modelos, propostas*, desta autora, disponível em versão eletrônica em www.verticepsi.com.br ou na biblioteca da PUC-SP.

e como os dois processos interagem – para resumir, como tomamos decisões econômicas.

Essa disciplina vem crescendo cada vez mais em países da Europa e América do Norte, além de Austrália e Nova Zelândia, sendo oferecida em cursos de graduação e pós-graduação em psicologia, economia e outros. Existem associações científicas dedicadas a esses estudos, reunindo centenas de acadêmicos e pesquisadores de todo o mundo (ver lista no final do livro) e, no que me parece especialmente importante, alguns gestores do setor público começam a se interessar pelo assunto.

Isso é importante porque testemunhamos, tantas vezes, o claro desencontro entre políticas econômicas e o que se passa na realidade cotidiana dos cidadãos, o que cria condições para a instalação de inúmeros desperdícios (desde os gastos do governo para implementar medidas que se mostram inócuas ou prejudiciais, até os gastos da população para tentar se adequar a elas – ou para procurar "contorná-las" de alguma forma) que, no nosso problemático caso econômico brasileiro, simplesmente não poderíamos nos dar ao luxo de bancar.

Apenas como ilustração, a dramática situação dos aposentados que tomaram crédito consignado sem o apoio de informações completas e confiáveis sobre onde estavam amarrando seu burro de fato... Se o governo tivesse empreendido estudos minuciosos – até estudos preliminares já poderiam ter apontado diversos riscos, na verdade! – teria sido possível fazer essa medida acompanhar-se de orientações precisas aos bancos, à população em geral, ao público-alvo, em particular, bem como a elaboração de salvaguardas na direção de proteger o consumidor desse produto, em caso de insuficiência de dados ou má-fé.

Aqui no Brasil, e em outros países da América Latina, Ásia e África, as pesquisas em Psicologia Econômica também vêm se desenvolvendo, em especial nos últimos anos, embora nos falte, ainda, maior inserção acadêmica, sistematização de toda a produção científica, revistas especializadas, diálogo com o poder público, apoio por meio de financiamento de estudos e disseminação do campo em geral. Apesar disso, estamos avançando, e este pequeno livro é, também, um passo nessa direção.

Hoje em dia há muitos estudos nesse campo, publicados seja sob a forma de livros, artigos científicos em periódicos especializados (veja alguns deles no final do livro também), trabalhos apresentados em congressos científicos, seja como pesquisas financiadas por empresas ou pelo governo de alguns países, como por exemplo Nova Zelândia, Holanda, Reino Unido, EUA e outros. Em outras palavras, existe muito material para consulta!

Um dos principais focos é o estudo sobre nossas distorções de percepção, com reflexos diretos sobre a avaliação que fazemos das alternativas, antes de escolher uma delas. Para simplificar e abreviar o processo de perceber, costuma-se recorrer às chamadas *regras de bolso* ou *heurísticas*, que funcionam como uma espécie de atalho mental, para andar mais rápido e poupar esforços na hora de reunir informações em geral.

O problema é que isso impõe limitações, sob a forma de uma visão que pode ficar parcial demais e nos impedir de enxergar, justamente, o que mais precisaríamos ver. Esses vieses, que são responsáveis pela visão parcial, chegaram a ser estudados em mais detalhes por psicólogos econômicos e vamos conhecer vários deles nos exemplos apresentados no capítulo quatro, sobre *armadilhas*.

Estudos sistemáticos dentro desse campo vêm sendo realizados há mais de trinta anos e, sobre atitudes, crenças e expectativas dos consumidores, desde a Segunda Guerra Mundial. Isso quer dizer que já se dispõe de muitas informações testadas e verificadas por diferentes pesquisadores que, pouco a pouco, passam a ser disseminadas entre as populações de muitos países. Por enquanto, há mais ênfase sobre os fatores cognitivos do comportamento e das decisões econômicas, mas alguns começam a se dedicar também ao lado emocional.

A Psicanálise, que é a outra fonte para as nossas reflexões, está estabelecida há mais de um século também, desde os trabalhos pioneiros de Sigmund Freud, na virada do século XIX para o XX, e continua hoje com seguidores que tomaram diferentes caminhos. Desse campo, selecionamos a vertente que trata, mais especificamente, de como pensamos. Essa teoria está apoiada em algumas observações, como por exemplo, de como nossas emoções são muito mais poderosas do que a razão e, da mesma forma, como o que está dentro de nossa cabeça, nossa realidade interna, pode ser, também, mais poderosa do que a própria realidade externa, o mundo em que vivemos normalmente.

Por isso, fica fácil nos enganarmos – basta a coisa parecer simpática a nós que já tendemos a acreditar que é verdadeira... Isso pode trazer consequências graves à nossa vida econômica, tanto individual como na dimensão do país todo, pois se a maior parte da população preferir acreditar no Papai Noel, as políticas econômicas podem deixar de levar em consideração a realidade conforme se apresenta. Os resultados, para a pessoa e para a nação, podem ser de graves prejuízos.

Daí a ideia de trazer algumas destas informações a você, leitor ou leitora, com o objetivo de ampliar seu conhecimento sobre o modo como você faz suas escolhas, principalmente na área econômica, mas não apenas nesta, já que estes dados podem ser aplicados a muitas situações. Tenho uma hipótese que é também uma crença – e uma aposta: quanto mais você souber sobre as operações mentais que embasam suas decisões, mais poderá apropriar-se delas, ponderar sobre o que é mais favorável para você e o que pode prejudicá-lo(a), em vez de agir por impulso, por influência da propaganda, por inércia ou falta de conhecimento.

Este livro não vai ensiná-lo a ficar rico, nem contém qualquer receita ou fórmula para ganhar dinheiro. Aliás, tenho minhas desconfianças com relação a propostas como essas – se houvesse um "segredo" sobre o caminho das pedras para ter dinheiro, e ele já tivesse sido publicado em algum livro, não estaríamos todos de posse dessa mágica e milionários? Penso que o percurso seja mais complexo, longo e trabalhoso.

Dizer isso, logo de cara, no início de um livro, é arriscado – nós já sabemos, por exemplo, que ninguém gosta de nada muito complexo, longo e trabalhoso! Todos preferimos o que é fácil, rápido – de preferência, imediato! – e cômodo. Infelizmente, a vida real não costuma se apresentar dessa maneira e, se pretendemos contribuir com uma obra informativa, não ficaria bem tentar enganar o leitor vendendo gato por lebre, pois é justamente para armadilhas desse tipo que gostaríamos de alertar.

Começo, portanto, dizendo que o Jardim do Éden não existe e que dá trabalho cuidar da própria vida. Pode não ser muito animador para quem gosta de acreditar no coelho da Páscoa ou no Papai Noel, mas sabemos que pode sair muito caro, em termos financeiros e para os rumos da nossa vida em geral, tentar fazer de conta que problemas e dificuldades não existem. Já que não tem outro jeito, vamos tentar conhecer um pouco mais sobre as nossas limitações, e, também, sobre os nossos recursos, para lidar com as encruzilhadas que surgem diante de nós e em relação às quais precisamos nos posicionar.

O "lado bom" de tudo isso é ganhar acesso a partes de nossa mente que podem trazer uma expansão de nossos horizontes e nossas perspectivas. Quando sabemos bem pouquinho sobre uma situação ficamos como que aprisionados frente a alternativas reduzidas; por outro lado, quando aumentamos o nosso campo de visão, pode vir desde aquela sensação de "mas como eu não pensei nisso antes, se estava diante do meu nariz?", até *insights* realmente novos, além de ângulos inesperados que dão um sentimento de alívio – "afinal, pode ter uma saída!"

Em outras palavras, acredito que vale a pena conhecer mais, ainda que isso possa representar uma maior responsabilidade de nossa parte. Quanto mais conscientes de nossos atos, mais difícil culpar os outros, o governo, a chuva ou o que for. Mas também significa tomar nossa vida mais em nossas mãos, apropriar-nos dela e de nossas decisões, tanto quanto possível, pelo menos – e isso aumenta nosso poder nesse sentido, certo?

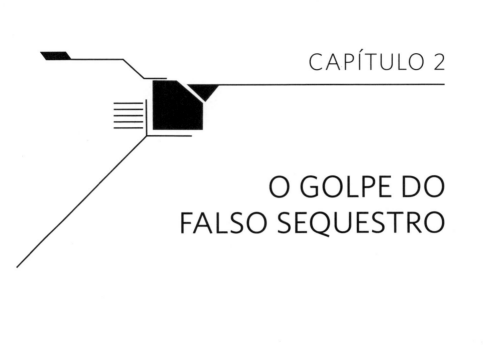

CAPÍTULO 2

O GOLPE DO FALSO SEQUESTRO

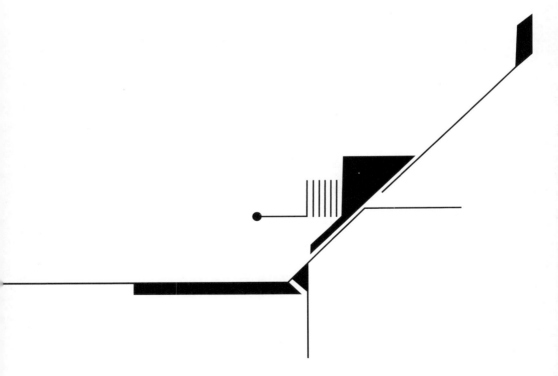

O GOLPE DO FALSO SEQUESTRO

Em meio a toda a trágica e lamentável onda de violência que vivemos no século XXI, uma modalidade vem fazendo um triste "sucesso" em muitas cidades do país: o golpe do falso sequestro. Criminosos telefonam para a vítima e comunicam que têm, em seu poder, um familiar, pelo qual pedem resgate, que pode vir sob a forma de créditos para celular, dinheiro etc. A primeira reação de quem recebe um telefonema como esse – que tem direito a macabros efeitos sonoros, como alguém chorando e gritando ao fundo, como se fosse o(a) sequestrado(a) – é se apavorar, é claro. A estratégia envolve também deixar os telefones que poderiam ser usados para verificar a veracidade do fato fora de combate, o que dificulta a reação da vítima. No entanto, à medida que este golpe vem se tornando prática comum, recebendo crescente exposição na mídia, ao lado de constantes alertas da polícia e de especialistas, um aspecto tem chamado a atenção: por que tantas pessoas continuam caindo no golpe mesmo assim?

O ponto é o seguinte: várias pessoas, mais tarde, relatam ter se sentido como que "tomadas" pelo medo e pelo pânico, sem condições de raciocinar, agindo de maneira que quase não reconheciam como sendo próprias. Chegavam, até mesmo, a desacreditar de evidências concretas, como as explicações fornecidas por policiais, o familiar que temiam estar sequestrado falando ao telefone e explicando que estava bem, pessoas de sua confiança afirmando que tudo não passava de simulação. O que teria acontecido a essas pessoas, naqueles episódios, que as fez agir de modo tão *irracional*?

Para quem investiga o mundo mental, esses fatos não chegam a surpreender inteiramente, já que acreditamos que as emoções podem, com muita facilidade, sobrepor-se ao funcionamento racional e teríamos, nesses casos, um exemplo disso. O pavor e todas as outras emoções que surgem naquele momento são muito mais poderosos – e capazes de pôr a pessoa em movimento, concretamente – do que a realidade em si. E é isso mesmo que observamos em outras situações também, como aquelas que envolvem as decisões econômicas que tomamos, por exemplo.

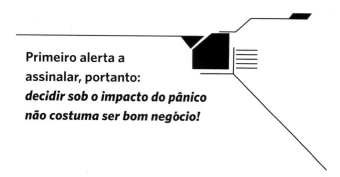

Primeiro alerta a assinalar, portanto: *decidir sob o impacto do pânico não costuma ser bom negócio!*

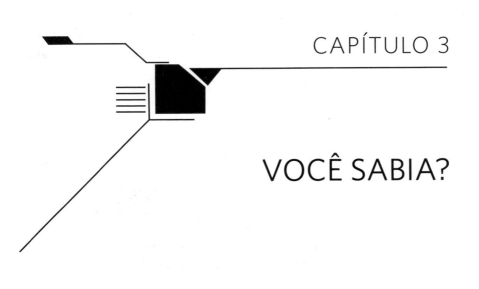

CAPÍTULO 3

VOCÊ SABIA?

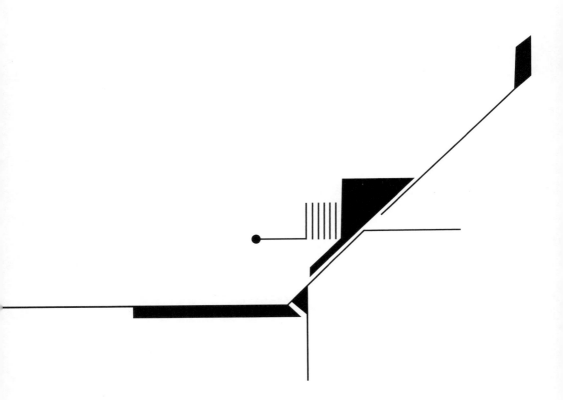

VOCÊ SABIA?

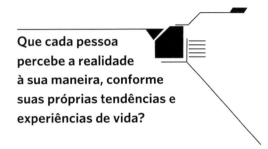

Que cada pessoa percebe a realidade à sua maneira, conforme suas próprias tendências e experiências de vida?

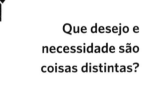

Que desejo e necessidade são coisas distintas?

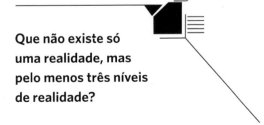

Que não existe só uma realidade, mas pelo menos três níveis de realidade?

Que mente e cérebro não são sinônimos?

Que não existe vida sem conflito?

Que temos, dentro de nós, impulsos de vida e de morte? E que, ao fim e ao cabo, vencem os de morte, já que somos todos mortais?

Que não há
pensamento sem
uma base emocional?

Que para viver em
grupo, em sociedade,
temos que abrir mão de muitos
dos nossos impulsos instintivos?

Que não fazemos
quase que a menor
ideia da maior parte das coisas
que se passam em nossa cabeça?

Que nossas
lembranças
costumam ser bastante
alteradas, de modo que não é
garantido que aquilo de que nos
lembramos tenha, de fato, ocorrido?

Que tudo que fazemos
tem uma origem psíquica,
ainda que a gente não saiba qual é?

Que nossos
pensamentos e nossas
emoções podem nos pôr
em ação tanto quanto – ou até
mais – do que fatos concretos?

Que a força de nossos desejos nos faz ir atrás de soluções ilusórias, quando as reais não estão disponíveis?

Que somos capazes de perceber somente dentro daquilo que já conhecemos?

Que somos capazes de enxergar só aquilo que 'combina', que está de acordo com nossas crenças?

Que quase tudo aquilo que não aceitamos em nós mesmos acaba ficando "inconsciente"? Mas que pode retornar, de outras formas, como atos falhos, repetições que não entendemos (mas continuamos fazendo), quando "dá branco", projeções (achamos que outra pessoa é que tem aquela característica que, na verdade, é nossa), sonhos, enquanto dormimos, e outras situações que nos parecem meio esquisitas?

Que na nossa mente inconsciente não existe a negativa, o "não", nem considerações pelo tempo ou pela lógica?

Que quando estamos em grupo, e em especial grandes grupos, fica mais fácil apresentarmos comportamentos primitivos e irracionais?

Que as emoções surgiram,
no ser humano, muito antes do que
a razão e, ainda hoje, podem ter muito
mais poder sobre nós do que o nosso lado
lógico e racional, que é bem mais recente?

Que, para termos um *insight*, ou seja,
uma ideia nova, nossa mente precisa estar
"esvaziada" de entulhos, que são aquelas coisas que já
estamos cansados de saber, ideias preconcebidas,
hábitos mentais obsoletos etc.?

Que onipotência é
irmã gêmea da impotência,
só invertendo os sinais? E
arrogância, idem, da estupidez?

Você sabia | 29

Que, antes de tomar uma decisão, sentimos fortes pressões internas (vindas de dentro de nós mesmos) e externas (do meio social)?

Que os outros despertam em nós muitos sentimentos que temos dificuldade para administrar, como a competitividade, a inveja, a raiva, a persecutoriedade, o ódio?

Que as ilusões costumam responder aos nossos desejos e guiar uma parte enorme dos nossos atos?

Que os pensamentos estão aí, antes mesmo de desenvolvermos a capacidade para pensá-los?

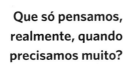

Que só pensamos, realmente, quando precisamos muito?

Que existe uma espécie de exército em nossa mente, que reprime e impede que aquilo que é inconsciente se torne conhecido por nós?

Que situações plenamente
satisfatórias não existem?

Que, em geral, detestamos nos
dar conta de nossas limitações e nossos
equívocos? E que fazemos de tudo para tentar
evitar o confronto com nossa própria realidade?

Que, na maior parte do
tempo, nos comportamos de
forma infantil, independentemente
de não darmos muita "bandeira" disso
ou de nossa idade, ou outros fatores como
inteligência, nível socioeconômico etc.?

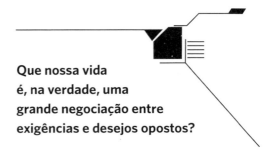

Que nossa vida é, na verdade, uma grande negociação entre exigências e desejos opostos?

Que quanto mais conseguirmos expandir nosso universo mental, mais ideias novas caberão dentro de nossa mente?

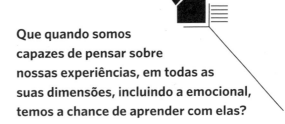

Que quando somos capazes de pensar sobre nossas experiências, em todas as suas dimensões, incluindo a emocional, temos a chance de aprender com elas?

No próximo capítulo destrincharemos em mais detalhes as ideias introduzidas aqui.

CAPÍTULO 4

UM PAPO INICIAL: *POR QUE NOSSA CABEÇA "APRONTA" COM A GENTE TANTAS VEZES?*

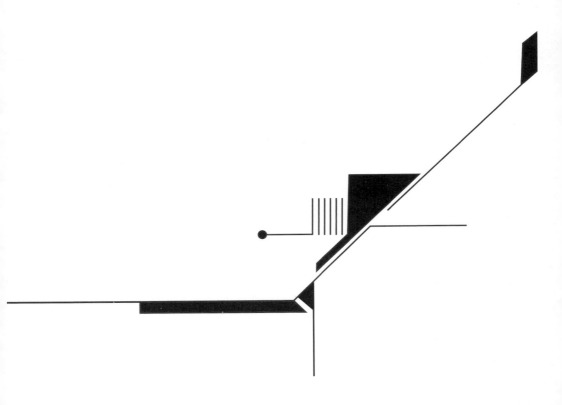

UM PAPO INICIAL:
POR QUE NOSSA CABEÇA "APRONTA" COM A GENTE TANTAS VEZES?

Para melhor acompanhar a linha de raciocínio deste livro, é importante deixar claro alguns pontos. Vamos a eles:

Nossos pensamentos têm origem nas nossas emoções, evoluem a partir de emoções, em geral, bastante primitivas. Isso significa que os pensamentos sempre acontecem numa espécie de pano de fundo emocional, que varia de pessoa para pessoa e de momento para momento, na mesma pessoa. Por isso, a gente parte do princípio de que nunca vai conseguir ser e agir de forma puramente racional.

Uma decorrência desse fato é que, para haver aprendizado, por exemplo, as emoções precisam ir junto – é aquilo de "cair a ficha", dar um "clique" –, que é muito diferente de aprender só porque tem lógica, ou alguém com autoridade disse, ou mesmo porque a própria pessoa tinha planejado fazer daquele outro jeito. Em outras palavras, quando a gente fala em decisões, precisa lembrar que o componente emocional sempre vai estar presente.

O segundo ponto importante é que, resumidamente, a gente poderia dizer que existem duas alternativas diante de nós quando temos que tomar uma decisão, inclusive as decisões econômicas, como: comprar, gastar, não gastar, investir, poupar, endividar-se, planejar, apostar, escolher os investimentos, enfim, o que fazer com o dinheiro – ou com sua falta... Os dois jeitos que temos quando, frente a um problema que precisa ser encarado, devemos escolher o melhor caminho para solucioná-lo, para que aquilo deixe de nos incomodar, são: ir pela ilusão, já que é muito difícil esperar, a vontade mais forte é ter uma resolução na hora, imediata – e, se não tiver nenhuma à mão, a gente, muitas vezes, acaba apelando para uma mandracaria, uma mágica, faz de conta, se engana, cria uma "realidade alternativa"; e, de vez em quando, a gente consegue tomar outro caminho, que é aquele que implica o pensar, e isso requer um desenvolvimento mais sofisticado das nossas funções mentais – emocionais e intelectuais – e, infelizmente, acontece mais raramente... mesmo nas melhores famílias!

Mas, afinal, como é que acontece esse negócio?

Quando nós precisamos tomar uma decisão, fazer uma escolha, temos que percorrer uma sucessão de etapas mentais.

- Primeiro é necessário perceber o que está acontecendo, situar-se, verificar quais são as opções, com que dados pode contar, se tem que ir atrás de mais informações, conhecer tudo que for possível sobre a situação e, o mais importante, manter todos esses dados percebidos na consciência! Quer dizer, não adianta "olhar" sem ver realmente; "ouvir" sem escutar de fato; "aprender" sem que faça algum sentido – em resumo, ficar ligado no que está se passando, dentro de si e à sua volta. Chamamos a atenção para este ponto porque, como veremos daqui a pouco, nesta etapa mora um grande perigo...
- Depois, com atenção, a gente continua observando, vai registrando – e continua a ter contato com tudo isso que vai captando, mantendo a consciência sobre eles.
- Ao mesmo tempo, vai comparando com situações passadas, para analisar se o que a gente está percebendo agora é verdade ou não. É o que chamamos de "teste de realidade", um tipo de avaliação dos fatos para verificar se são verdadeiros ou reais, ou se não passam de invenção da cabeça, "viagem", "encanação" e todas essas coisas que tantas vezes perturbam nossa apreensão mais precisa do que está acontecendo. Isso para não falar de mentiras ou outros equívocos.
- Com relação a essa avaliação, uma coisa muito importante – o que vai dizer se é real ou não –, é aquilo que a gente observa sobre todas as características que nós estamos percebendo, e isso deve acontecer independentemente de nos agradar ou não. Precisamos chamar a atenção para este ponto, porque nós temos uma tendência muito

forte a só querer levar em consideração aquilo de que gostamos – se não gostar, não aceitar, se a percepção fizer sofrer porque não é do jeito que a gente preferiria que fosse, é bastante possível que tentemos ignorar, fazer de conta que não está existindo.

- Consequentemente, acabamos contando com muito menos dados para usar na nossa avaliação, quer dizer, aqueles dados que poderiam oferecer alguma solução para o nosso problema ficam em menor número, porque muita coisa ficou barrada pelo fato de não ser "agradável", de fugir às nossas expectativas, de provocar algum tipo de sofrimento, mesmo quando eram verdadeiros, ou caso o desagrado fosse, por exemplo, só inicial. Mas aí já era, se a gente impede a entrada na consciência de imediato, por assim dizer, fica sem saber do que se tratava de fato – e o universo de alternativas encolhe.

- Ou seja, se julgar só de acordo com esse critério – "gostei, então vale"; "não gostei, faz de conta que não existe" – vai ficar complicado porque, infelizmente, as coisas raramente são do jeitinho que a gente gosta, iguaizinhas às nossas expectativas, tudo bonitinho e satisfatório.

- Ao contrário, frustração é o que não falta, mas como é muito duro aguentar as frustrações, não ter logo uma gratificação gostosa, a gente acaba apelando para saídas "mágicas", para as ilusões, que não enchem barriga, mas vão tapeando por um tempo; tem gente que vai de ilusão em ilusão quase a vida toda...

- Então poderíamos perguntar: qual o problema com essa opção pela ilusão? E a resposta é: ficamos com poucas alternativas e, por isso, acabamos repetindo caminhos – tipo "estrada batida" –, indo sempre pelo mesmo jeito de fazer as coisas, os mesmos tipos de escolha, não saindo muito daquilo mesmo que já conhecemos e, mais do que isso, correndo o risco de dar muito fora na vida, nos equivocarmos, tomarmos a decisão errada.

- Porque se a gente não percebeu direito, adequadamente, vai avaliar a situação de modo insuficiente, não vai levar em consideração tudo que precisaria, e o resultado dificilmente vai ser bom. Em outras palavras, a gente paga pedágio. Os norte-americanos têm aquela expressão, um pouco antipática, *there's no free lunch* (não existe almoço de graça), que a gente poderia aplicar neste outro sentido, meio diferente – tudo o que fazemos tem consequências, o fato de nos iludirmos cobra seu preço mais à frente, e é impossível fugir dessas implicações.

- Agora, quando funcionamos de acordo com aquela segunda modalidade, que é, justamente, pelo pensar, pelo uso da razão – em vez da ilusão –, o processo é mais lento, um pouco mais complexo, mas por outro lado a chance de dar certo pode ser maior. Nesse caso, em vez de julgar só pelo que dá ou não prazer, levamos em conta como as coisas realmente são.

- Primeiro, deve-se procurar perceber de um modo preciso, isento (no sentido de que não fica exclusivamente condicionado à qualidade prazerosa ou desprazerosa). Isso leva mais tempo, requer que a gente tenha mais informações – se não tiver dados suficientes, é necessário ir atrás, ler, conversar com as pessoas, observar.

- Depois, temos que organizar essas informações e observações para poder comparar com outras experiências. Desse modo, conseguimos evitar um pouco mais cair nas mesmas armadilhas de sempre.

- Ao longo de todas essas etapas, precisamos ter uma espécie de calma especial, uma coisa que chamamos de "tolerância à frustração". Não é ser santo, nem masoquista, nem brincar de Poliana (aquela que fazia o "jogo do contente"), mas uma condição emocional que, em parte, até já vem com a própria pessoa[1], e que também pode ser desenvolvida (eu brinco chamando esse processo de desenvolvimento de "musculação psíquica", ou seja, aumentar nosso fôlego para lidar

---

[1] Quem nunca viu bebezinhos, por exemplo, que são super pacientes, esperam a mãe, às vezes toda atrapalhada, porque tem que dar de mamar e trocar a fralda suja que está incomodando, ao mesmo tempo, e o nenê fica ali, relativamente calminho, parece até colaborar com a mãe, enquanto que outros, por mais que a mãe corra com tudo e faça do melhor jeito possível, parecem ficar furiosos, não conseguem esperar, alguns chegam até a não querer mais mamar quando a mãe dá o peito ou a mamadeira, apesar da fome, como se já tivesse "estragado" tudo, não tem mais jeito – claro que esse modo de funcionar só atrapalha ainda mais o que já não é fácil, mas estes bebês parecem ter muita dificuldade para se comportar de outro modo e, assim, acabam se prejudicando também, além de deixar a situação mais difícil para a mãe. Isso não parece ser uma escolha deliberada, mas sim como se o seu repertório de reações fosse, também, limitado.

com situações que nos desafiam, que vão contra nossa tendência natural a ficar "em repouso").

- Essa "capacidade de tolerar frustrações" será fundamental para permitir atravessar aquela coisa chata que é não ter encontrado satisfação ainda, não ter uma resposta para o problema, estar sentindo o desconforto da falta de gratificação, ali naquele momento – e, mesmo assim, continuar usando a cabeça para tentar chegar a um encaminhamento favorável.
- Seguir por este trajeto significa que a gente não desistiu, porque é quando desistimos que a mágica, a fantasia entram no lugar de batalhar, e nos entretemos com a ilusão.
- Nesse segundo caso, ao contrário, aguenta-se o desprazer porque se possui alguma crença de que vai ser possível enxergar algum caminho mais para frente – uma ideia que possa, finalmente, transformar a situação insatisfatória.

Por essa perspectiva, pensar pode ser resumido da seguinte maneira: conseguir enxergar novos ângulos para testar – mentalmente –, ou seja, sem se expor, na prática, o que poderia machucar, sair caro, incorrer em riscos desnecessários, para verificar qual a melhor saída para aquele problema, qual a melhor opção pela qual decidir.

Nesse sentido, veja como pensar pode ser "econômico"! Com um par de ressalvas – é "pensar" nessa perspectiva que expusemos –, não tem nada a ver com ficar minhocando, imaginando, fantasiando, indo por caminhos conhecidos (o que eu chamo de "estradas batidas"...), enchendo a cabeça de entulho, ideias velhas, obsoletas, que não servem mais para nada, que não se aplicam à situação presente, aqueles 'filminhos' que a gente tantas vezes adora ficar passando na cabeça, tanto de coisas que não fez, mas gostaria de ter feito, como dizer, na hora certinha, aquelas coisas ótimas que só ocorreram meia hora depois, como aquelas que adoraria fazer, embora saiba que não teria condições, realmente, de jamais fazer – por mais gostosas, gratificantes ou justas que possam parecer...

Só que a coisa tem uma pegadinha: o pensar não acontece só porque a gente quer. Infelizmente, não. É preciso ter, ou adquirir, essa condição de primeiro não saber, ficar numa espécie de vazio, sem recorrer às ilusões, até que surjam os pensamentos. Na sabedoria popular, a gente diz que só pensa quando precisa muito – se não precisar muito, só empurra com a barriga... Ou então que a gente só se mexe de verdade quando a água começa a bater no nariz!

Agora, como ficam as decisões econômicas?

Tudo que foi dito até agora (com base em teorias e na experiência psicanalítica), vale para quando se está diante de decisões como: gastar ou poupar; comprar à vista, no cartão, em várias prestações ou deixar para pensar melhor; comprar no impulso, comprar por "obrigação" (todo dia tem que comprar alguma coisa, se não, não dá!), realizar a compra já ou só depois de planejar e ponderar bastante; tomar dinheiro emprestado – e calcular os juros ou nem pensar nisso; viver de renda ou de mesada (quando se tem alguém que se disponha a bancar), ou trabalhar, e em que modalidade: por conta própria, com carteira assinada, na informalidade, só de vez em quando, iniciar um negócio, fazer sociedade, participar de cooperativa?; endividar-se e, depois, deixar a dívida acumular, virar uma bola de neve, ou buscar uma solução, analisar e negociar; investir, e em que tipo de investimento, com base em quais informações (sendo que, às vezes, sobra tão pouco para investir que pode até desanimar – daí como faz? Desiste de investir ou aguenta o fato de que é aquilo ou nada? E aquilo, por menos que seja, não é a mesma coisa que nada – embora possa provocar sentimentos de frustração, sem dúvida); fazer uma previdência privada ou deixar a vida levar; fazer seguro (saúde, carro, residência etc.) ou rezar para não acontecer nenhum imprevisto; vender, por este preço ou aquele, ou seja, como definir o valor das mercadorias e como encontrar compradores; negociar ou ficar irredutível – e se resolver negociar, o que fazer com a sensação que, muitas vezes, sobrevém de ter sido passado para trás, de não saber fazer negócios, de não ter jeito para essas coisas; ensinar as crianças a cuidar do dinheiro, na família, na escola ou em nenhum lugar – e, se ensinar, o quê, como e quando; dar presentes ou não, de que tipo, para quem, em quais circunstâncias; apostar ou não apostar e, se apostar, com que frequência, até que limite; casar, ter filhos, aposentar-se, separar-se e chegar a acordos sobre a divisão dos bens, dividir as despesas quando sai com o(a) namorado(a); fechar ou não o vidro do carro no trânsito, para reduzir a chance de ser assaltado; e tantas outras situações que envolvem aspectos econômicos, como veremos a seguir.

E também aquelas decisões econômicas que podem não envolver dinheiro de modo direto: ir dormir tarde, porque fica enrolando quando tem que acordar cedo no dia seguinte; fofocar, no lugar de cuidar da própria vida; comer além da conta, fumar ou usar outras drogas; ficar vendo televisão, qualquer programa, ou passar horas em jogos eletrônicos, quando poderia aproveitar o tempo de maneira mais estimulante; e outras mais.

Os exemplos acima referem-se a questões particulares, individuais. Mas temos também toda a dimensão coletiva, com suas decisões muitas vezes vitais para a economia e o desenvolvimento do país: qual deve ser a taxa de juros; combater a inflação ou deixar um pouquinho; como implementar todas as políticas econômicas; enfim, no sentido de sua eficácia e das reações da população (motivação, atitudes, expectativas e comportamento em geral) sobre temas como desemprego, desigualdade, exclusão, meio ambiente, regulamentação de diversos segmentos, dívida externa e interna, relações comerciais com outros países, protecionismo ou abertura, tributação, desenvolvimentismo ou monetarismo (como se fosse uma questão fechada entre estes dois únicos polos, aliás...), propaganda, crescimento econômico, proteção ao consumidor e ao cidadão, flutuações e turbulências econômicas etc.

Afinal de contas, quem constitui a economia de um país são seus habitantes, pessoas com sentimentos, desejos, hábitos, sonhos, crenças, limitações, criatividade e destrutividade – seres humanos com tudo a que têm direito! É por essa razão que modelos puramente matemáticos, como muitos economistas usam, não dão conta de encaminhar as questões encontradas na realidade econômica. Os seres humanos são mais complexos e, muitas vezes, mais imprevisíveis do que a matemática atual poderia dar conta.

Isso explica a importância – ou mesmo, a necessidade – de complementarmos a investigação deste campo das decisões econômicas com os conhecimentos oferecidos por outras disciplinas, como a Psicologia e, no caso deste livro, a Psicanálise também. Contamos, hoje, como já dissemos, com campos específicos para descobrir como funcionamos economicamente, tais como Psicologia Econômica, Economia Comportamental, Finanças Comportamentais e Neuroeconomia. Em outras palavras, essas disciplinas apontam para o fato de que é o nosso comportamento econômico que vai constituir a economia do país. Nossas decisões econômicas influenciam a economia como um todo, do mesmo modo como são influenciadas por ela – é uma via de mão dupla.

Dessa forma, a aposta deste livro é que informação e conhecimento podem ser uma grande chave para se ter mais chances de decidir corretamente – ao lado de uma capacidade de aguentar situações que não tragam gratificação imediata. As informações devem cobrir dois grandes aspectos: do lado externo, entender melhor como a economia se estrutura, a fim de poder situar-se diante das notícias e dados veiculados a esse respeito, ou seja, conhecer as condições econômicas do país e do mercado em que se pretende atuar, acompanhar o que está acontecendo, principalmente, ao longo do tempo, trocar ideias com quem tem experiência, estar a par, enfim, do que se passa na economia, buscando informações com toda a imparcialidade possível; e do lado interno, que é a área fundamental para nos permitir chegar a pensamentos que poderão nos ajudar a iluminar as melhores escolhas, importante para identificar os próprios padrões de tomada de decisões, os caminhos que se costuma percorrer para analisar e decidir as questões, verificar se aguenta ficar mais na ausência de gratificação imediata e, se não aguenta, que tipo de saída costuma 'inventar', reconhecer os próprios pontos fracos, que trazem maior vulnerabilidade na hora de decidir; enfim, tudo que possa ajudar a conhecer mais os seus recursos e as suas limitações, para então ficar alerta quando tiver que tomar decisões importantes.

Este último aspecto que é focado neste livro, pois acredito que conhecer melhor as nossas ferramentas mentais, a partir da observação de como se pensa, ganhar mais clareza – e discernimento – ajuda a prestar atenção e desvelar, em especial, "onde a coisa pega" para cada um, as ilusões favoritas, os cantos de sereia irresistíveis, os pontos cegos que, ao atrapalhar nossa percepção, acabam obstruindo nossa mente. E tem muita coisa que pode entrar nessa categoria de "entulho": os cacoetes mentais, os hábitos, os pensamentos obsoletos, os sentimentos de onipotência e arrogância, achando que sabe tudo, o que não passa de roubada, já que o cenário econômico é complexo e, muitas vezes, pouco previsível.

•••

Como é bem mais fácil, à primeira vista, embarcar no que parece mais simpático e agradável aos nossos olhos – e evitar, a qualquer custo, aquilo de que não gostamos, que nos frustra ou provoca aversão, ainda que seja real –, torna-se importante fazer o que eu chamo de "musculação psíquica", treinar pensar, o que começa com suportar o contato com a realidade como ela é... sem truque, sem mágica, sem ilusão, porque é só na realidade que se consegue modificar – para valer – aquilo que está incomodando. E, para isso, é necessário pensar.

Esta é a grande decisão que se pode tomar – às vezes, pelo menos... –, decidir encarar o que está diante de nós para, então, poder escolher o que é melhor. Isso vale para as decisões econômicas e pode, até, evitar perder dinheiro desnecessariamente.

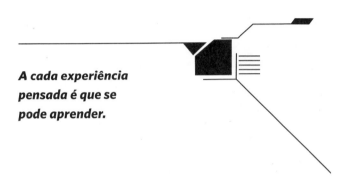

A cada experiência pensada é que se pode aprender.

CAPÍTULO 5

ARMADILHAS
OU OS RISCOS QUE CORREMOS E COMO PODEMOS ENTRAR PELO CANO QUANDO TENTAMOS ESCOLHER A MELHOR ALTERNATIVA ECONÔMICA, MAS NOS EQUIVOCAMOS...

ARMADILHAS
OU OS RISCOS QUE CORREMOS E COMO PODEMOS ENTRAR PELO CANO QUANDO TENTAMOS ESCOLHER A MELHOR ALTERNATIVA ECONÔMICA, MAS NOS EQUIVOCAMOS...

Depois de começarmos a ver, na teoria, como algumas coisas podem se passar em nossa mente com relação às escolhas que fazemos na área econômica e financeira, passamos, agora, para alguns exemplos. Fica mais fácil identificar como funcionamos por meio de situações práticas, algumas das quais vivemos cotidianamente. Por isso, relato alguns cenários para que você possa parar para pensar sobre suas decisões econômicas, identificar, quem sabe, alguns padrões que se repetem, algumas armadilhas recorrentes, onde, mais exatamente, a coisa pega para você – porque pode haver muitas diferenças individuais, ao lado de erros mais comuns também – e, naturalmente, a partir de um conhecimento mais aprofundado sobre suas operações mentais, tentar se precaver no sentido de evitar cair nos escorregões de sempre.

Parece impossível ser inteiramente racional, pelo menos no estágio de desenvolvimento psíquico em que a humanidade se encontra, mas, se for possível aumentar um pouco as chances de não errar, isso já pode representar uma diferença significativa.

Ou seja, se, como vimos, só aprendemos com nossas experiências quando elas ganham um sentido também do ponto de vista emocional – o famoso "cair a ficha" – então vale a pena observar como funcionamos e aprender com os equívocos que, frequentemente, parecem inevitáveis, para tentar reduzir nosso desgaste físico e psíquico – e nossos gastos monetários também.

Como vimos, pensar pode ser muito "econômico"!

A seguir, três dúzias de exemplos, para você tentar encontrar onde se encaixa. Mas não se preocupe se acabar se reconhecendo em muitos deles – como sempre dizemos, somos TODOS frágeis, precários e limitados.

1. Esta é velha conhecida dos fumantes – eu sei que fumar faz mal; mas não consigo ficar sem fumar; portanto, passo a acreditar que só faz mal, mesmo, depois dos 40 anos. Como eu ainda tenho 25, não preciso parar já!

Ficha técnica: dissonância cognitiva.

O que aconteceu aí foi uma colisão tão clássica, isto é, que acontece com tanta frequência dentro da nossa cabeça, que mereceu ser batizada com o nome técnico de DISSONÂNCIA COGNITIVA. Em poucas palavras, significa que, quando me vejo diante de fatos ou ideias contraditórias, procuro dissolver o desconforto que isso me causa "forçando a barra" para um dos lados – e fazendo de conta que o outro não existe.

Nos assuntos econômicos é muito comum tentarmos nos livrar desse tipo de desconforto também – estou vendo que vou pagar muito mais se financiar a compra desta geladeira do que se pagasse à vista; por outro lado, acho que não vou suportar ficar sem ela nem mais um minuto. Para me livrar do conflito, posso supor, por exemplo, que vou economizar tanto na conta de luz com a nova geladeira que vai valer a pena! Não fiz nenhum cálculo – mesmo porque, se tivesse feito, dificilmente verificaria que isso é possível, já que os juros cobrados serão muito superiores àquela possível economia –, mas sinto mais tranquilidade se pensar dessa forma, reduzindo meu remorso frente ao desperdício com os juros, uma vez que eu poderia, sim, guardar o dinheiro, mês a mês, e dentro de algum tempo comprar à vista por metade do preço.

2. Você prefere receber R$100 agora, ou R$110 daqui a um mês? Você prefere receber R$100 reais daqui a um ano ou R$110 daqui a um ano e um mês?

Embora não exista uma diferença tão grande entre uma situação e outra, o curioso é que muita gente responde uma coisa para a primeira pergunta e o oposto para a segunda.

Isso significaria que há preferência por receber, seja lá o que for, JÁ, mesmo que seja menos do que receberia se conseguisse esperar um mês, mas quando a escolha é jogada lá para frente, o quadro muda – daí dá a impressão de que se conseguiria esperar, sim, e então receber um pouco mais.

Ficha técnica: desconto hiperbólico subjetivo.[1]

Traduzindo: como a gente se engana... Isso porque, quando a escolha está próxima, nos sentimos incapazes de adiar a satisfação que enxergamos possível, mesmo que seja preciso inventar desculpas para isso; por outro lado, quando a escolha está distante no tempo, nós nos tornamos otimistas e acreditamos que, naquele futuro, seria tranquilo esperar, não teríamos dificuldade em postergar a gratificação. Podemos ser tanto míopes com relação ao futuro, isto é, não enxergá-lo corretamente, como neste caso, em que superestimamos nossa capacidade de escolher mais racionalmente, como ter hipermetropia ao olhar para o presente, ao não ver que poderia ser mais vantajoso esperar, que poderemos nos arrepender pouco depois por não fazer isso, que haverá um preço por nossa afoiteza.

3. Você está procurando um apartamento para comprar, com valor até R$150.000, e encontra um por esse valor, que vai precisar de reforma, e um outro, por R$160.000,00, que é só entrar – qual você escolhe?

Algumas pessoas ficam 'amarradas' ao de R$150.000,00 – porque bateu no teto previamente estabelecido – e podem fechar esse negócio sem mesmo verificar

---

[1] Essa teoria foi desenvolvida por George Ainslie, médico e pesquisador da interface Psicologia-economia.

quanto gastariam na reforma, mas podem até acabar gastando mais no primeiro do que fazendo pequenos ajustes para deixar o segundo com a "sua cara".

Ficha técnica: efeito de ancoragem.

E com este é bom não brincar, porque pode fazer a gente de tonto facilmente. Vejam o experimento: perguntaram a dois grupos de pessoas a porcentagem de países africanos na ONU; mas antes de responder, sabe aquelas "rodas da fortuna", do tipo usado em programas de jogos na televisão, em que a pessoa roda e depois para em um número aleatório? Pois é, uma roda dessas era girada, parava num número, e só depois as pessoas respondiam. Adivinhem o que aconteceu? Quando parou num número baixo – 10 – as pessoas disseram, em média, que a porcentagem correta dos países africanos na ONU era 25; mas quando parou num número mais alto – 65 – a resposta média foi 45!

Isso quer dizer que, apesar de uma coisa não ter nada a ver com a outra, a impressão causada por ter visto, apenas, o número da roda já foi suficiente para influenciar as respostas. E o mais surpreendente é que mesmo quando ofereciam recompensas por respostas mais próximas da realidade isso não reduziu o chamado *efeito de ancoragem*!

Moral da história: como somos vulneráveis! E, por essa razão, como precisamos, primeiro, saber dessa vulnerabilidade para então tomar os devidos cuidados.

4. Você aplicou num fundo cambial na época em que o dólar oscilava sempre para cima. Depois que começou a baixar, você deixa o dinheiro lá, apesar de poder ganhar mais se trocasse de investimento – por quê?

Aqui a coisa é brava, envolve aquilo que todo mundo odeia: encarar as próprias limitações, dar-se conta de que pode ter errado; em resumo, verificar que deu um fora!

Ficha técnica: confiança excessiva.

Alguém aí gosta de perceber que não é esperto? Dificilmente. Por isso, acabamos preferindo perder dinheiro – sim, perder dinheiro – no lugar de aguentar firme que fizemos bobagem, ou no mínimo estamos fazendo agora, porque aquele dinheiro poderia render mais em outra aplicação, já que para tomar alguma providência o primeiro passo é, sempre, tomar conhecimento do que está acontecendo para depois poder escolher o que é melhor naquele caso. Alguns autores denominam isso de CONFIANÇA EXCESSIVA. Vamos relembrar, também, nossa dificuldade atávica para tolerar frustrações, e como tentamos evitar os sentimentos penosos que acompanham essa experiência, fazendo de conta, por exemplo, que somos onipotentes – quando, na verdade, estamos tão longe disso...

5. Você queria muito ter começado a pagar uma previdência privada quando tinha 25 anos, mas não o fez. Naquela época, nem pensou no assunto e hoje, com 46, sabe que vai precisar desse complemento para quando se aposentar, mas ainda não se decidiu a iniciar os aportes, porque fica sempre pensando como teria sido tão mais fácil ter começado 20 anos antes...

Isso pode parecer esdrúxulo para muita gente, mas, acreditem, acontece nas melhores famílias!

Ficha técnica: anulação.

É mais ou menos o seguinte: eu queria muito acertar sempre; queria, inclusive, que meus erros não tivessem sequer ocorrido! Por isso, tento 'reverter' os fatos, a própria realidade, recorrendo a mecanismos que, olhando de longe, podem parecer bem malucos. Vejam só: para "anular" o comportamento anterior, posso fazer o seu oposto, ou repetir a mesma coisa, só que, na minha cabeça, com sentido diferente[2]. No nosso exemplo, para anular o fato de não ter começado a pagar a previdência antes, posso simplesmente não querer pagar nunca mais! Claro que

---

[2] Veja este exemplo, relatado pelo psicanalista Otto Fenichel, que Laplanche e Pontalis, autores de *Vocabulário de Psicanálise* reproduzem: "um indivíduo censura-se por ter esbanjado dinheiro ao comprar o jornal; gostaria de anular esta despesa reembolsando a importância gasta; não ousando fazê-lo, pensa que comprar outro jornal o consolará. Mas o quiosque está fechado; então o indivíduo atira para o chão uma moeda do mesmo valor do jornal." É mole?

nem estou 'lembrando' de que, querendo ou não querendo, o mais provável é que eu acabe precisando de uma aposentadoria dali a alguns anos... E, se não decidir agora, o que vai acontecer no futuro?

Na Psicanálise, damos o nome de ANULAÇÃO a este mecanismo, que pode parecer super esquisito – mas, pensando bem, será que você nunca fez nada parecido mesmo?

6. Você está insatisfeito com seu trabalho, seus rendimentos, suas perspectivas e, toda semana, joga na Mega-Sena. Um dia, um conhecido lhe conta sobre um negócio da China – mesmo! É só botar suas economias num novo empreendimento – importação e exportação com empresas chinesas – que em seis meses você já recebe o dobro – se deixar por um ano, então, serão 4 vezes o investimento inicial! Eles têm um site que explica tudo, o contrato é feito por uma firma de advocacia internacional e, se você quiser desistir, devolvem o valor integral do que pôs ali. Você topa?

Nos últimos anos, muita gente no Brasil topou fazer negócios mirabolantes envolvendo bois gordos e, depois, avestruzes. Parece que, infelizmente, nenhum deles, com exceção de quem bolou a coisa toda, ganhou muito dinheiro. Era tentador, ok, mas era, também, muito difícil que pudesse ser verdade. Mas é aquela coisa, quando você está numa situação complicada, dá muuuuuuuuita vontade de acreditar que possa existir alguma saída, de preferência, fácil. Pena que mágica não exista! Como nos informa a psicanálise, a ILUSÃO surge em função do nosso DESEJO.

Ficha técnica: ilusão.

Agora vejam que interessante: na Austrália, criaram alguns antídotos a esse tipo de golpe[3]. Sim, porque não é exclusividade do brasileiro cair nessas conversas, não. Pelo jeito, somos todos vulneráveis a ilusões – de diferentes maneiras,

---

[3] Sou grata ao jornalista econômico Danilo Fariello, que trouxe estas informações ao meu conhecimento.

ou em diferentes intensidades, mas é bastante raro encontrar alguém que escape incólume de todas elas.

Voltando aos "antídotos": a Comissão de Valores Mobiliários local desenvolveu sites que funcionam de modo parecido às arapucas costumeiras – oferecem oportunidades mirabolantes para ganhar dinheiro –, o incauto topa, clica para realizar o negócio, e então cai na página que explica como ele poderia estar se metendo numa tremenda enrascada, caso a coisa fosse para valer! O que é genial nessa ideia é o fato de dirigir-se, precisamente, ao público-alvo, àquelas pessoas que poderiam, de fato, cair no golpe. Minha hipótese é que, pelo menos quem passou por essa experiência, tenderá a pensar duas vezes antes de dar a próxima bobeira...

A anotar: será que não poderíamos ter iniciativas equivalentes no Brasil? Os conhecimentos obtidos pela Psicologia Econômica e pela Psicanálise poderiam alimentar várias dessas 'pegadinhas', como, aliás, estamos nos propondo a fazer aqui neste livro, não é?

7. Dois meses antes do Natal seu amigo conta uma história: a irmã da amiga da prima dele trocou o carro por um zero-quilômetro. Sabe como? Ela entrou numa corrente, maior moleza – você paga R$200,00 para o seu amigo –, depois precisa repassar para três outras pessoas. Quando receber da primeira, já terá seu dinheiro reposto, e quando todas as três tiverem repassado para outras três, você já começa a receber mais dinheiro – dentro de um mês, pode chegar a ganhar até R$30.000,00!

As populares PIRÂMIDES são antigas, mas continuam emplacando entre quem não conhece muito a jogada – porque é sempre tentador ganhar dinheiro sem fazer força. Como vimos, é muito fácil a ilusão ficar no lugar do pensar, analisar, ponderar etc.

Ficha técnica: pirâmide.

Poucos anos atrás, houve casos trágicos, que atingiram amplas parcelas da população. Robert Shiller, autor do livro *Exuberância irracional*, relata que, na Albânia, chegou a afetar a economia do país como um todo, pois muita gente havia aderido ao esquema; e pelos noticiários, soubemos que no Haiti a promessa, naturalmente fictícia, foi a possibilidade de adquirir casa própria por $100 dólares. Mas isso não acontece apenas em lugares remotos. Podemos encontrar exemplo recente na maior potência econômica do planeta: nos EUA, em 2007, a inquietação é crescente com relação ao possível (para muitos, mais do que provável, na verdade) estouro da chamada "bolha imobiliária", como resultado da venda de imóveis financiados à população de baixa renda, que recebeu informações insuficientes e imprecisas sobre o negócio e, não muito tempo depois, deu-se conta de que jamais teria como honrar aquele compromisso. Muita gente perdeu e vai perder dinheiro, o que é lamentável, e talvez até criminoso. Naturalmente, outros devem ter ganho muito com esse tipo de negócio![4]

8. Você vai ao bingo, primeiro perde R$1.800,00 e ao final, ganha sozinho R$1.000,00. Sai de lá com a impressão de que vale a pena voltar ou não?

Psicólogos econômicos de peso, como o Nobel de Economia Daniel Kahneman, verificaram algumas coisas curiosas sobre como atribuímos valor a experiências prazerosas e desprazerosas. Por exemplo, tendemos a avaliar conforme dois critérios que são bastante parciais: o "pico" da experiência e o seu final. Isso quer dizer, no exemplo acima, que, apesar de perder mais do que ganhar, talvez você saia do bingo com a convicção de que valeu a pena, pois você ganhou R$1.000,00 no final! E a ÚLTIMA IMPRESSÃO É MUITO PODEROSA. Portanto, acreditará que compensa jogar e voltará ao bingo outras vezes.

Ficha técnica: o poder da última impressão sobre a percepção geral da situação.

Se isso não o convenceu, escute o que os pesquisadores fizeram com pessoas que estavam se submetendo a uma colonoscopia (aquele exame chatinho, do qual

---

[4] Este livro foi escrito originalmente em 2006 (e lançado em 2007), ou seja, dá para ver que a crise não pegou TODO O MUNDO desprevenido, não... A titia aqui, a partir de leituras e observação, foi uma das pessoas que já apontava para o que, no fim, se concretizou – uma das maiores crises financeiras e econômicas do mundo moderno! Com consequências trágicas para muitas pessoas e, até mesmo, para o próprio sistema institucional, social e político que deve sustentar as democracias.

muita gente reclama, que introduz, pelo reto, uma pequena câmara no intestino para ver se tem algum problema por lá): eles separaram as pessoas em dois grupos, um que ficava com o aparelho menos tempo, e outro que ficava mais tempo. Depois pediram que relatassem o grau de desconforto que tinham sentido. A hipótese que eles levantavam era a seguinte: as pessoas se lembrariam da experiência como sendo menos dolorosa, se a média *"pico-fim"* fosse mais baixa, portanto, aqueles que ficavam mais tempo com o aparelho introduzido, que embora fosse desconfortável não provocava dor, diziam, depois que o exame não tinha sido tão ruim quanto aqueles cuja experiência foi mais curta, porém, com a tal média alta.

Isso nos permite fazer diversas aproximações interessantes a tudo que observamos na clínica psicanalítica também: nossa memória é irremediavelmente falha. Freud, aliás, escreveu um artigo muito interessante, chamado "Lembranças encobridoras", que mostra como o nosso inconsciente pode nos pregar peças, nos fazendo acreditar em cenas nítidas que podem sequer ter acontecido. Sempre transformamos nossas experiências. Isso está relacionado ao que foi dito no início do livro, sobre os diferentes níveis de realidade, sendo que a interna e a psíquica não andam necessariamente de mãos dadas com a realidade externa! Por isso, nem adiantaria falar em algum nível de realidade *indiscutível*.

Na pesquisa de Kahneman, ele chama a atenção para o poder da relação entre o pico e o final de uma experiência e sobre a última impressão – tão poderosa que pode prevalecer sobre todas as demais lembranças.

Por todas essas razões, torna-se tão importante prestar atenção aos dados que estamos utilizando para avaliar uma situação e escolher a melhor alternativa para situações futuras.

9. Há muitos anos, quando você era jovem, toda a sua família entrou num negócio meio esquisito. A proposta era comprar vários alqueires num canto, então remoto, do Mato Grosso – que naturalmente poderia ser, logo depois, revendido por muito mais. Tinha que levar dinheiro vivo, não podia ser cheque – todo mundo estava entrando! – e não demorou para ficar claro que a coisa toda não passava de um conto do vigário e, obviamente, ninguém nunca mais viu a cor daquele dinheiro. Passados 30 anos, você lê notícias sobre o desenvolvimento agropecuário do Mato Grosso e imagina como teria sido bom ter comprado,

mesmo, aquele lote – fica com a ideia na cabeça e sai em busca de um negócio por lá. Quais as chances de fazer um bom negócio desta vez?

Novamente, neste caso observamos como a história original pode ser transformada na mente – e não necessariamente servir para aprender com aquela experiência. Assim, em vez de se dar conta de que foi golpe, e como deveria tomar cuidado para não repetir o equívoco, você pode acabar ressaltando o aspecto de como teria sido bom se tivesse sido verdade – e, dessa forma, pode ficar vulnerável a novos golpes. Se alguns detalhes forem alterados, aí então o risco pode ser ainda maior.

Ficha técnica: transformação e repetição e comportamento de manada.

Em outro exemplo, não sobre comprar terra, mas pagar a uma consultoria de araque para lhe conseguir um ótimo emprego – mediante o pagamento antecipado de R$10.000,00, para "taxas e despesas", logicamente – e você só descobre quando o emprego nunca aparece de verdade. Contudo, se surgir uma nova oportunidade, com algumas pequenas diferenças, você talvez caia no golpe de novo!

Esse tipo de comportamento revela duas tendências que temos: TRANSFORMAÇÃO das nossas percepções e tendência à REPETIÇÃO, mesmo que, a cada vez, os resultados não sejam favoráveis. São movimentos inerentes às nossas operações mentais, que não conseguimos evitar de todo. Nesse caso, é sempre bom lembrar que o jeito pode estar na aprendizagem: depois de muito observar, pode ter um "estalo" e começa a pensar melhor antes de se render a comportamentos automáticos.

10. Você vai descendo uma rua movimentada, depois de sair do banco, um senhor com jeito humilde e rosto bondoso se aproxima para pedir uma informação – quer ir a uma rua que você não conhece, mas ele afirma que fica ali por perto –, você olha e pensa que ele tem um olhar tão doce que você não hesitaria em confiar a ele todo o seu dinheiro! Ele conta a sua história, detalhadamente: mora num sítio, ganhou um prêmio, precisa ir receber mas tem medo de ser enganado, será que pode confiar

em você para ajudá-lo? Enquanto você se recobra da surpresa com a situação, aproxima-se um sujeito bem vestido, pergunta se estão procurando alguma coisa – uma rua, por exemplo – e a conversa segue, agora com vocês três...

Esse é um dos formatos típicos do início de um conto do vigário – em seguida, os dois vão lhe pedir uma garantia para ter certeza de que podem confiar em você, já que você vai receber muito dinheiro com o tal prêmio, ou alguma coisa por aí – e, nesse momento, muitas pessoas, no afã de demonstrar que são honestas, entregam a eles seu dinheiro – aquele que acabaram de tirar do banco, ou ainda, podem ir até a casa buscar dólares, economias, sacar do cheque especial etc. – já que, aparentemente, não correrão qualquer risco pois, em contrapartida, ficarão de posse do dinheiro do velhote. Como são pessoas escrupulosas, não mexem no pacote que lhes foi confiado – às vezes, por duas horas ou mais – até que finalmente o abrem, para descobrir que está cheio de papel picado, por exemplo – evidentemente com algumas poucas notas em cima, que os dois mostraram para provar que se tratava de muito dinheiro mesmo.

Ficha técnica: um dos mais clássicos (e antigos) contos do vigário do mundo.

Se o golpe é aplicado sempre da mesma maneira, ou com pequenas variações, por que tanta gente continua caindo? Seria um exemplo clássico de como a razão é suplantada pela emoção. Não adianta saber, apenas, porque se, na hora H, houver uma disposição emocional isso deixa de ser suficiente. Como o nosso comportamento externo é acionado por fatores psíquicos, e a maior parte deles nos é INCONSCIENTE, ficamos vulneráveis aos nossos próprios equívocos, já que um conto do vigário não envolve violência – só lábia, do lado do vigarista, e a precariedade, em termos emocionais e que é comum a todos a nós, do lado da vítima.

Levanto como hipóteses, para tentar entender um pouco mais essa situação específica, sequências de pensamentos do seguinte tipo: "quero provar que sou honesto(a)", "mas também adoraria botar a mão nessa grana toda...", "tenho medo – mesmo sem saber disso claramente – de não ser tão honesto(a) assim, lá no fundo, então, tenho que provar – para eles E PARA MIM MESMO – que sou honesto(a) sim!" Daí, topa-se compactuar com o golpe.

Infelizmente, nossa mente pode nos aplicar golpes também – truques para atingir seu objetivo do modo mais rápido e fácil possível –, ainda que não seja verdadeiro e que, depois, acabe saindo muito caro.

11. Endividamento – "São tantas emoções..."

O anúncio do carro zero-quilômetro diz: "você só paga a primeira prestação daqui a três meses! IPVA grátis! Os juros mais baixos do mercado! Saia dirigindo seu carro novo neste fim de semana!" A tentação é grande. Seu filho entrou na faculdade e merece ganhar um carrinho! Agora você está meio encalacrado com umas prestações atrasadas – que, inclusive, são menores do que as do futuro carro – mas daqui a três meses, sem problema, você terá resolvido essas pendências, daí beleza. E tem mais: em julho você recebe metade do 13º e também pode cortar umas despesinhas simples – será que falar menos ao celular vai ser tão difícil assim? Pronto, está resolvido. Vai dar pé. Você compra.

Ficha técnica: contas mentais[5] e (as dificuldades envolvidas na) escolha intertemporal.

Seis meses depois, a coisa ganha outra cara: o condomínio subiu (o palhaço daquele vizinho encrenqueiro aprontou de novo e danificou o portão da garagem; como o mala também é caloteiro, sobrou para todo o mundo e a despesa será rateada entre todos), aliás, por falar em multa, o moleque, de carrão novo, andou parando em um monte de lugares proibidos, você também passou de 120km/h naquela estrada, daí já viu, e por falar em carro, o conserto do mês passado ficou os olhos da cara, e você não conseguiu falar menos ao celular, ao contrário, a conta ficou até mais alta, inclusive. Nesse meio tempo você deu um celular para a caçula também, então tem mais esse encargo. Isso tudo para não falar dos remédios do seu pai, que teve uma infecção perigosa, e a gente já não sabe se o que assusta mais é o resultado do exame do laboratório ou o preço dos antibióticos...

Enfim, é a vida se apresentando com toda a sua imprevisibilidade, embora a gente possa, sempre, estar certo de que os imprevistos virão – isso é a única

---
[5] Essa expressão foi cunhada pelo economista comportamental norte-americano Richard Thaler.

coisa "previsível"! Ou seja, é bom planejar da melhor forma possível, já incluindo margem para os extras, se quiser se prevenir contra a praga do endividamento.

É bom deixar claro que não estou tratando, aqui, do problema real e dramático, mas que não seria possível abordar neste pequeno livro, da absoluta insuficiência de fundos, quando os ganhos não chegam sequer a cobrir necessidades básicas, nunca; este tema, que tem importância vital em nosso país, mereceria, sem dúvida, um profundo estudo. De todo modo, neste livro voltamos ao assunto outras vezes.

12. Você quer muito passar umas férias naquela praia ma-ra-vi--lho-sa, só que o "pacote" para lá custa os olhos da cara! É muito mais do que você dispõe no momento e, como seu cheque especial já estourou faz tempo, você vem penando para pagar aqueles juros cruéis... Mas está todo mundo indo para lá no próximo feriado e só você vai ficar de bobeira, nessa cidade vazia que não tem nada de bom para fazer? De repente, parece que some tudo da sua cabeça, fica apenas a vontade de realizar aquele desejo, uma ideia insistente, quase uma aflição, de que todo o seu prazer, naquele instante, mora naquela tal praia. Não, não vai dar para resistir abrir mão desse gosto. Não interessa, você vai fazer das tripas coração, mas vai ter que rolar.

Hora de tirar o coelho da cartola – ou o cartão de crédito, cheque pré-datado, empréstimo pessoal, tanto faz. O fato é que você não tem a menor ideia de como vai pagar, porque agora nem está pensando nisso, só enxerga o mar azul, a areia branquinha, a caipirinha na praia, o forró à noite – vai ser demais! Infelizmente, talvez seja demais para o seu bolso também – mas aí já foi.

Ficha técnica: escolha intertemporal + desconto hiperbólico subjetivo + contas mentais + dificuldade para adiar a satisfação.

Tanto para a Psicologia Econômica como para a Psicanálise, essa situação é das mais comuns que se poderia encontrar em termos de tomada de decisão. Desconto hiperbólico subjetivo, escolha intertemporal, contas mentais ou dificuldade para adiar a satisfação (e tolerar os sentimentos chatos que costumam ser desencadeados pela frustração de nossos desejos) estão presentes na base de quase todos os exemplos que estamos descrevendo aqui.

Não são muitas as pessoas capazes de analisar a situação racionalmente, escolher a melhor alternativa ou, pelo menos, a mais viável naquele momento, e ainda aguentar conviver com aquela escolha numa boa! Alguns conseguem, e estamos todos querendo investigar como é que fazem isso, já que daria bases mais concretas para pensar trabalhos de intervenção com pessoas cronicamente endividadas, por exemplo. Mas para a maioria dos mortais, não é fácil adiar a gratificação, mesmo que se perca (muito) dinheiro com isso.

Para enganar a nós mesmos, empregamos inúmeros mecanismos: a "matemática de Alice no País das Maravilhas", como eu brinco, é um deles – fazer contas mirabolantes, que dão a impressão de que o orçamento vai fechar, embora se tenha esquecido de incluir itens fundamentais como a conta do telefone, o seguro-saúde etc.; focar no curto prazo, como se nada mais existisse, ainda que pretenda, por exemplo, dar uma boa educação aos filhos, o que envolve, necessariamente, planejamento em longo prazo. Acreditar que não vai sobreviver sem aquele objeto, portanto, vale qualquer esforço para tê-lo, até mesmo pagar quatro vezes mais por ele!

Na hora de fazer esses "raciocínios", que de raciocínio só tem o nome, recorremos a medidas psicológicas drásticas: ver só um pedaço da situação, ignorar ou negar os demais, transformar aquilo que estamos percebendo, acreditar que Papai Noel existe e por aí vai.

E a complicação toda só aumenta quando você é pai ou mãe, e é o seu filho que está pedindo alguma coisa, com essa mesma intensidade. Como disse alguém, nessa hora você arranca o próprio coração e entrega para o filho, se acredita que aquilo o fará feliz. Por outro lado, vamos combinar: quanto mais maduro, melhores condições se terá para discernir o que é possível ou não. Portanto, caberá aos pais, em geral, definir se a compra é viável ou não naquele momento.

Se não for, paciência. Vai ficar todo mundo meio chateado, mas pode até virar uma oportunidade para "tornar bom um mau negócio". A família que atravessa frustração unida, permanece unida! E, de quebra, pode aprender uma ou duas coisas sobre sua própria força e sobre prazeres que não estão condicionados a dinheiro.

13. Por outro lado, pode ocorrer o oposto da "atração" pelo endividar-se. Há situações em que a prestação tem valor fixado ou os juros cobrados podem ser inferiores ao rendimento das aplicações. No entanto, para algumas pessoas, é tão insuportável permanecer na posição de "devedor" que preferem saldar aquelas dívidas antes da hora...

É claro que, aqui, não foi o cálculo matemático que ganhou a parada!

Ficha técnica: quando o peso emocional pode ser maior do que o peso financeiro.

Se tivesse feito as contas de quanto ganharia ou perderia liquidando a dívida antes do tempo, poderia verificar que é mais negócio pagar aos poucos, conforme o contrato, do que saldar tudo de uma vez. No entanto, para estas pessoas é tão desconfortável saber, dia após dia, que estão com pendências financeiras, que preferem perder dinheiro. Curiosamente, alguns chegam a fazer as contas, percebem que estão "errando", mas mesmo assim optam pelo pagamento antecipado para evitar o estresse da outra condição.

Fica difícil afirmar, contudo, se este é, de fato, um equívoco, já que naquela situação pode ser mais importante a pessoa sentir-se bem consigo mesma, o que pode chegar a torná-la até mais produtiva e apta a tomar melhores decisões em outros assuntos. Fazer o quê? Se for esta a limitação, que pelo menos fique claro para que não acabe "embananando" outros setores de sua vida e seu próprio autoconhecimento.

14. E você, prefere pagar a festa de 15 anos de sua filha financiada, com juros mais altos, ou tirar da sua aplicação um dinheiro que está reservado para pagar a faculdade dela?

Se você terá condições de pagar as prestações da festa, pode supor também que poderia, sem maiores dificuldades, repor, mesmo que fosse mês a mês, o valor retirado da aplicação para pagar a festa. Mas por que tanta gente se apavora com essa perspectiva e escolhe jogar fora o dinheiro pago por conta dos juros?

Ficha técnica: contas mentais (ou quando a "irracionalidade" pode acabar protegendo você).

Talvez não se trate de tolice completa, se considerarmos que muitas pessoas já se deram conta das próprias dificuldades para se controlar, para organizar suas finanças sozinhas etc. Nesse sentido, preferem proteger o dinheiro destinado à educação do filho, que não poderia correr risco algum, a ter que se comprometer – consigo mesma – a repô-lo aos poucos. Ou seja, se não somos mesmo racionais em nossas decisões econômicas, pode haver alguma sabedoria em recorrer a estratagemas dessa espécie. É como combinar com você mesmo que, quando sair no próximo sábado à noite, não passará das duas doses de whisky – tá bom, três no máximo! Mas não pode ser mais do que isso.

Se você já passou apuro porque estava guiando embriagado, o que é ilegal e perigoso, ou padeceu da abominável ressaca por ter abusado do álcool antes, talvez procure, agora, ser mais prudente estabelecendo, previamente, um marco para o seu desfrute etílico. Penso ser importante ressaltar o seguinte: nestes casos, não vale estabelecer a meta ou regra antes, ligar o piloto automático e se recusar a desligá-lo, sob quaisquer circunstâncias! Ou seja, se o primeiro drink não cair bem, deixa de ser sensato "parar no terceiro", uma vez que se está diante de um fato novo. Depois de beber só um não está se sentindo bem, portanto, aquela regra deixa de valer, e torna-se necessário reavaliar a situação. Por exemplo, pode estar na hora de ir para casa, meu amigo! E deixar os planos de ficar alegrinho para a próxima semana. Um pouco mais sobre isso a seguir.

15. VOCÊ VAI PARA A BALADA OU, SE NÃO FOR DE IR EM BALADA, VAI A UMA FESTA DE AMIGOS, ONDE SÃO SERVIDAS BEBIDAS ALCOÓLICAS. VOCÊ ESTÁ DIRIGINDO O CARRO (E MESMO SE NÃO ESTIVESSE), COMO DECIDE QUANTOS DRINKS TOMAR?

Algumas pessoas respondem a essa pergunta afirmando que, na verdade, seriam duas decisões: uma, aquela que você toma antes de sair de casa e que vai naquela linha de bom comportamento – paro no segundo e pronto! A segunda é aquela que vem depois de terminar o segundo drink e que pode se transformar em qualquer coisa – "só mais um, depois desse juro que paro", "só hoje, porque é aniversário do meu melhor amigo", "hoje é festa!", "a vida é tão curta, a gente tem que aproveitar" –, e pode chegar também à fase de nem ter argumento algum, pega o próximo copo e acabou, porque o garçom passou e deu vontade de não parar de beber.

Ficha técnica: escolha intertemporal.

Claro que muitas considerações poderiam ser feitas – é, também, um caso clássico de ESCOLHA INTERTEMPORAL, ou seja, faço alguma coisa que está me dando prazer agora, mas pela qual terei que pagar um preço depois (dirigir mal e correr riscos, até originar alguma tragédia, passar mal e acordar com dor de cabeça, pagar mico durante a festa, ter amnésia depois etc.), ou abro mão do prazer imediato e descuidado agora, em nome de me preservar, e a outras pessoas também, depois.

Como já vimos, detestamos, em geral, a perspectiva de frustrar nossos desejos, portanto a tentação de 'deixar rolar solto' será sempre considerável. Alguns lidam com ela programando-se para jamais passar do segundo drink. Outros podem optar por algo ainda mais radical: tornar-se abstêmio. Seja como for, o que é difícil mesmo é analisar adequadamente, no momento em que precisa decidir, as perspectivas e optar pela que lhe será mais favorável.

16. VOCÊ DECIDIU COMPRAR AÇÕES DE UMA NOVA EMPRESA AÉREA QUE NASCEU PROMISSORA. TEM LIDO MUITA COISA QUE SAI NA COLUNA SOCIAL SOBRE A FILHA DO DONO QUE, INCLUSIVE, É UMA MODELO GATÍSSIMA! E TAMBÉM SOBRE A ESPOSA, QUE É RESPONSÁVEL POR UMA ONG FAMOSA, E A HISTÓRIA DE VIDA DO VELHO PATRIARCA, E COMO ELE COMEÇOU DO NADA PARA ESTABELECER UM IMPÉRIO NO RAMO DOS SUPERMERCADOS...

Pronto, com tantas informações em mãos, você já se sente quase íntimo da família e da empresa, nada mais natural do que investir uma quantia considerável nas suas ações. Será? Informações são fundamentais para se tomar decisões com mais chances de sucesso, mas é bom lembrar que não se trata de qualquer tipo de informação. Nesse exemplo, todo aquele "conhecimento" é praticamente irrelevante para a avaliação de suas perspectivas de ganhos futuros com aquelas ações.

Ficha técnica: informações demais (e quando irrelevantes, pior ainda) podem atrapalhar boas escolhas.

O que você precisaria saber é a saúde financeira da nova empresa, as condições atuais do mercado para companhias de aviação, a oferta de crédito para o setor, regulamentação do governo e previsões para esta área, por exemplo. Então, são duas as ciladas: uma é acreditar que o que você sabe é suficiente, quando não é; e a segunda pode ser até mais surpreendente, mas foi testada em laboratório. É o seguinte: quando você tem poucos dados para avaliar uma situação, você tende a recorrer à lógica e ao conhecimento e experiências prévias para tentar deslindar o quadro e fazer a melhor escolha; agora, quando você tem informações relevantes insuficientes, mas INFORMAÇÕES IRRELEVANTES abundantes, sabe o que acontece? Você se atrapalha e pode errar feio em suas ponderações e previsões! Sim, informações demais, quando não vêm ao caso, ou são imprecisas, podem reduzir profundamente o seu poder de decisão. Portanto, vale identificar, cuidadosamente, a *qualidade* do que você sabe.

17. Você comprou sapatos novos – lindos e caros. Porém, depois de usar uma vez, percebe que machucam demais. Você ainda tenta usar outras vezes mas, com o dedão inchado e o tornozelo ralado, dá-se conta de que são mesmo inviáveis. O que você faz com esses sapatos?

Se você respondeu que os dá, quase imediatamente, a alguém que possa ter pés diferentes e possa aproveitá-los, saiba que faz parte de uma minoria.

Ficha técnica: contas mentais e valor histórico (subjetivo) dos bens.

Em geral, as pessoas ficam com pena de se desfazer de uma coisa pela qual pagaram tanto – mesmo que não venham a usá-la mais, mesmo que acabe no fundo do armário ocupando espaço e empoeirando. Como se não desse para resolver o conflito entre: paguei muito x não usei (nem usarei). Uma maneira de tentar se esquivar deste conflito chatinho – porque implica, também, que você não fez uma escolha muito sábia ao comprá-los, já que não são apropriados a você – é tentar "esquecê-los" no armário, não pensar mais no assunto, como se sequer existissem. Só que vale lembrar que a realidade segue existindo independentemente dos nossos desejos... Aliás, é curioso saber, também, que no caso de ter comprado sapatos caros pela metade do preço numa liquidação, fica mais fácil se livrar deles se não servirem!

18. Você foi viajar e trouxe um presente para uma amiga. Como você escolheu aquele presente?

Costumamos encontrar diversos fatores nesta decisão de presentear. Alguns guiam-se por uma espécie de "empate" – só dão presentes equivalentes aos que receberam da pessoa. Outros gostam de impressionar e, assim, oferecem presentes caros, que a pessoa que recebe jamais conseguiria retribuir na mesma proporção. Há, também, os práticos, que preferem dar dinheiro, para facilitar a vida de quem recebe, a qual, então, poderá escolher algo exatamente do seu agrado. Enquanto isso, outros sentem-se ofendidos se receberem dinheiro, embora isso possa variar conforme a cultura (nos EUA, é hábito dar dinheiro, em geral dentro de cartões enfeitados, aos noivos, como presente de casamento, por exemplo).

Ficha técnica: valor simbólico dos presentes.

O sentido simbólico e psicológico de dar um presente remete, entre outros fatores, ao tempo e esforço, físico e psíquico, exigidos para obtê-lo, além de seu valor monetário. Para a Psicanálise, interessa examinar a função que o presente possui na situação em foco, o que pode variar de pessoa para pessoa, e em diferentes momentos para a mesma pessoa. Veja mais a seguir.

19. Sua amiga ganhou muitas flores no dia do seu aniversário. Você faz anos um dia depois e, quando ela vai à sua festa, traz para você, de presente, um lindo arranjo – que ela ganhara na véspera e ainda estava em ótimo estado. Como você se sente?

O que está representado num presente? É o objeto em si? Se for isso, as flores que você ganhou são lindas, não há problema nesse aspecto. Ou é a preocupação, o tempo despendido na procura pelo presente bacana? Aí a coisa complicou, já que foi fácil – fácil demais? – ter levado as flores que já estavam na casa dela.

Ficha técnica: valor simbólico dos presentes.

Tem também o lado do custo: um bom presente tem que ser caro para ser bom? Algumas pessoas acreditam que sim, outras preferem apostar numa lembrança original, ou ainda, que elas mesmas confeccionaram. De todo modo, há grande variação aqui também – presentes têm forte conteúdo simbólico, razão pela qual há situações em que se pode dar presentes de um tipo, como dinheiro para um afilhado, por exemplo, que vai se divertir numa livraria procurando o que realmente quer ganhar, mas não para uma pessoa com quem não se tenha intimidade, por exemplo. Ou as convenções – por que não se pode dar, "de casamento", um par de sapatos? Noivos andam calçados, como todos nós, não?

Tem também todas as considerações em torno da retribuição – se ganhei um presente caro, preciso dar outro, equivalente, quando for minha vez? Fica ruim se eu não fizer isso? O que todo mundo vai pensar?

Estas são apenas algumas das ideias e fantasias que podem passar pela nossa cabeça em situações desse tipo. O que podemos observar é que há fatores culturais em ação, que variam com relação ao tempo e ao lugar, além dos pessoais, quando fazemos essas escolhas. Por exemplo, se revelar nossos ganhos costuma ser quase um tabu, ou no mínimo muito desconfortável para a maioria das pessoas – seja porque acham que ganham muito, ou porque acham que ganham pouco –, presentear pode surgir como uma oportunidade para dar uma "pista" com relação a isso, seja ela falsa ou verdadeira! Assim, se quiser impressionar alguém, um modo de fazer isso é dar um presente valioso, mesmo que se tenha que pagar por ele ao longo de muitos meses no cartão de crédito.

O próprio "dote", a instituição que ainda vigora em muitas culturas, que faz o pai da noiva arcar com uma espécie de indenização paga à família do noivo, ou pelo menos o enxoval, tradicionalmente levado pela noiva – mas não pelo noivo –, que se compõe de artigos de "cama, mesa e banho", é outro exemplo de todas essas considerações sobre o valor – simbólico, social, monetário – dos presentes.

20. Você comprou uma garrafa de um vinho excelente, por um preço bem camarada, porque o depósito de bebidas ia fechar, e alguém deve ter se enganado no valor.

Quando abre aquela garrafa, qual é a sua sensação: de que está tomando um vinho caro e bom? De que está tomando um vinho caro, bom, mas pelo qual você pagou pouco, então, que delícia lembrar-se disso ao saboreá-lo? De que está tomando um vinho que talvez não seja tão bom, já que você pôde pagar tão pouco por ele, será que tem alguma coisa errada com ele? Ou, simplesmente, que você é tão esperto por ter feito este pequeno negócio da China, e esse prazer pode ser até mais inebriante do que o próprio vinho?

Ficha técnica: contas mentais com ressurreição do valor.

Todas estas situações são possíveis – diferentes grupos de pessoas sentem-se mais de acordo com uma dessas possibilidades do que outras, ou mesmo em combinações de algumas delas. O fato é que a experiência não é unânime – cada um faz suas próprias CONTAS MENTAIS. E, se são mentais, é claro que podemos, realmente, esperar variações individuais, já que cada mente opera conforme seus próprios padrões.

Ao mesmo tempo, é mais comum que, diante de uma situação paralela à que foi descrita – quando, em vez de tomar aquele vinho, você deixa cair a garrafa e ela se quebra – a maior parte das pessoas sinta que acaba de perder o valor integral e atualizado do vinho, não aquele que de fato pagou, com o bom desconto. Alguns pesquisadores dão a esse fenômeno o nome sugestivo de "ressurreição do valor", uma vez que o valor real não estava plena ou exclusivamente atuante no cenário anterior, quando o vinho é saboreado (e também, quando ele é dado de presente), só voltando à cena com toda força se você perdê-lo.

21. S<small>EU BANCO LHE COBRA UMA ALTA TAXA DE MANUTENÇÃO</small>. O <small>GERENTE RARAMENTE ESTÁ DISPONÍVEL PARA CONVERSAR COM VOCÊ E TIRAR SUAS DÚVIDAS</small>. P<small>AGAR AQUELAS CONTAS QUE NÃO PODEM IR PARA O DÉBITO AUTOMÁTICO, ENTÃO, É UM SUPLÍCIO, COM FILAS INACREDITÁVEIS E FUNCIONÁRIOS ANTIPÁTICOS</small>. M<small>AS ELE LHE DÁ OITO DIAS DE CHEQUE ESPECIAL SEM JUROS, E VOCÊ ACHA ISSO ATRAENTE, ENTÃO PERMANECE COMO CLIENTE</small>. V<small>OCÊ JÁ FEZ AS CONTAS TOTAIS, ISTO É, QUANTO PAGA DE TAXA, QUANTO ACABA PERDENDO OU DEIXANDO DE GANHAR PORQUE NÃO RECEBE ORIENTAÇÃO ADEQUADA, QUANTO TEMPO PERDE CADA VEZ QUE VAI A UMA AGÊNCIA ETC.?</small>

Muitas vezes conseguimos enxergar só uma parte da situação. Normalmente, a parte mais agradável. Deixamos o restante em estado dormente, como se não estivesse ali – mesmo que isso implique em pagar mais, desnecessariamente. Pode ser o contrário também – tudo é ruim no banco, ou em outro serviço ou loja, mas o gerente, atendente, recepcionista etc., é super simpático e trata você tão bem que você adora aquilo e não quer saber de mudar, apesar de todas as insatisfações nos outros sentidos.

Ficha técnica: percepção e consciência parciais e negação.

Esse é o modo como operamos a maior parte das vezes – VISÃO PARCIAL, relação com "pedaços" da situação, e não com ela toda, integrando todos os elementos que a compõem. Para entrar em contato com o 'todo', digamos assim, é necessário aguentar também seus componentes desagradáveis, diferentes do que gostaríamos que fosse. Isso dá trabalho psíquico e pode nos deixar tristes por verificar que estamos muito mais distantes de onde gostaríamos de estar, do que supúnhamos... Um jeito de lidar com isso é, literalmente, pagar para *não* ver!

22. Você recebeu a restituição do imposto de renda e são quase dois milagres: o primeiro é que ela veio no prazo, e o segundo, este ano você não a comprometeu antecipadamente com outros gastos – então pretende fazer um investimento. Você leu uma matéria cheia de elogios à companhia X. Dá vontade, nesse momento, de comprar ações dela? Você fecha o negócio com base nessa informação?

Seria bom averiguar um pouco mais, já que se verificou que, quando uma companhia é descrita, e pede-se que a pessoa faça uma previsão sobre seu lucro futuro, se a descrição for muito favorável, um lucro muito alto parecerá mais representativo daquela descrição; se a descrição for medíocre, um desempenho medíocre parecerá mais representativo. Portanto, o que parece estar em jogo aqui é apenas o teor da descrição, não as condições reais da companhia continuar a ir bem NO FUTURO. Ou seja, tendemos a prever somente com base no fato da previsão ser favorável, ignorando outros dados que seriam importantes para chegar a uma visão mais precisa do negócio.

Ficha técnica: ilusão de validade.

Outro aspecto a lembrar é o seguinte: o fato de um investimento ter dado bom retorno no passado NÃO significa que será rentável no futuro. Alguns especialistas em Finanças Comportamentais, aliás, sugerem que há mais chances de ganhos em ações que estejam em baixa, por exemplo, já que são estas que poderão subir significativamente no futuro.

Tudo isso também se aproxima de outra cilada conhecida – a ILUSÃO DE VALIDADE, como os psicólogos econômicos a chamam. Funciona mais ou menos assim: quanto maior o "encaixe", a harmonia entre a informação recebida e o resultado previsto, maior será a confiança de que a previsão está correta.

Vejamos outros exemplos: você tem que contratar um funcionário, e é informado por um conhecido, que você respeita e acha que está indo bem em sua própria empresa, que se trata de um profissional muito qualificado. O pessoal do RH faz os testes de praxe, depois de você informá-los de que o sujeito é muito bom. Qual será o resultado esperado daquelas entrevistas de seleção? É muito possível que acabem todos fortemente influenciados pelas informações positivas recebidas, enviesando a avaliação que deveria ser mais isenta. Por exemplo, se o candidato disser alguma barbaridade, isso pode ser "descontado", porque, afinal, aquela situação é muito estressante, todo mundo sabe disso. Só que se for um outro candidato, que chegue sem recomendação prévia, talvez a previsão de que este último seria um bom funcionário não prevaleça, caso ele também diga uma tolice.

Ou o contrário: você está procurando uma escola para os filhos pequenos. Conversou com uma mãe que acabou de tirar os seus daquela que você vai conhecer. Esta escola também fica um pouco distante da sua casa, o que significa ter que acordar e sair mais cedo, por exemplo. Em outras palavras, você não está muito inclinada a escolher aquela – mesmo que verifique, quando for conhecê-la, que o pessoal é sério, o espaço é amplo, com muito lugar legal para brincar, a segurança é adequada etc. O que será que vai pesar mais na sua decisão? Será que o fato de não estar disposta a acordar mais cedo, ou mesmo procurar se haveria outro modo das crianças chegarem à escola, como ônibus escolar ou rodízio com outros pais, não acaba "combinando" com o que ouviu dizer de uma pessoa, e você termina prevendo que não seria uma boa escola, no fim das contas?

23. Você não gosta de correr riscos ou não gosta de perder?

É comum a gente acreditar que prefere evitar riscos, que temos uma "aversão" a eles. Será verdade? Essa questão foi um dos elementos que contribuiu para Daniel Kahneman ganhar seu Nobel de Economia em 2002. Ele e o seu colega Amos Tversky foram testar isso em experimentos e chegaram a uma conclusão que surpreendeu naquele momento (hoje a ideia é bem mais difundida): nossa aversão costuma ser à perda, mas não necessariamente aos riscos. O que, inclusive, pode nos levar a, efetivamente, perder!

Ficha técnica: aversão à perda (e não ao risco).

Vejamos como: suponha que você está aplicando na Bolsa e está ganhando; quando atinge um determinado patamar, acha mais prudente realizar seus lucros e encerrar aquela aplicação – neste caso, você manifestou aversão ao risco de perder; o galho é que a coisa nem sempre funciona desta maneira –, suponha, agora, que um bom lote das suas ações começa a cair – você vende rapidamente, para não perder ainda mais? Isso seria um exemplo de aversão ao risco – risco, neste caso, de perder mais.

Pois o que eles descobriram, em seus experimentos, e muitos gestores e investidores podem confirmar, é que quando alguém está perdendo, pode acabar topando correr riscos – para tentar reaver o que perdeu – que, habitualmente, não correria. Claro que a consequência desse comportamento – que é um COMPORTAMENTO DE RISCO – é terminar perdendo ainda mais.

O interessante a observar é isto: quando nos encontramos em situação de perda, avaliamos o cenário de forma diferente e podemos até decidir nos arriscar, muito mais do que quando estamos na situação oposta. Uma lição a tirar vai diretamente para quem gosta de jogar e apostar – todo cuidado é pouco se começar a perder!

Novamente, enxergamos aquele desejo quase irresistível de sempre acertar, sempre se dar bem, detestar quando desvia desse padrão "vencedor". Claro que basta dar uma olhada nos cassinos, bingos – e, sem dúvida, na economia mundial – para perceber que alguns, poucos, só podem ganhar, porque tantos outros perdem...

24. Ainda sobre perder e ganhar: como se sente se perde R$50,00? E, se no lugar de perder, ganhar o mesmo valor, R$50,00?

Os pesquisadores afirmam que, em geral, a intensidade do sentimento é muito diferente nos dois casos: a gente lamenta muito mais perder do que fica feliz quando ganha – apesar de se tratar sempre da mesma quantia.

Ficha técnica: reações diferentes à perda ou ao ganho do mesmo valor.

Ou seja, um MESMO valor pode ter impacto muito diferente caso seja ganho ou perdido. Tendemos a ficar muito mais infelizes se perdermos, do que ficaríamos felizes se ganhássemos essa mesma soma. E isso, nenhuma calculadora revela, por mais sofisticada que seja! Porque está no âmbito psicológico, uai.

25. Seu apartamento está à venda. Você pede R$200 mil[6], que é um preço alto, e não está conseguindo vendê-lo. O corretor sugere que baixe para R$180 mil, mas você não aceita. Já mudou para outro, mas tem que continuar pagando o condomínio do que está à venda, que é R$1.000 por mês, mais o IPTU e o rateio da reforma dos elevadores, que vai ser salgado.

Depois de um ano com o imóvel parado, você já gastou os mesmos R$20.000 que não queria abater do preço inicial. E pior, agora estourou a coluna do banheiro, vem mais despesas pela frente, além de desencorajar compradores que preferem esperar a obra terminar para não ter essa dor de cabeça. Vamos encarar os fatos: você micou com o imóvel na mão. Coisa infeliz – e cara – de acontecer. Qual foi a "lógica" dessa escolha?

Ficha técnica: efeito posse + ancoragem + confiança excessiva.

Diversos fatores podem contribuir para esse tipo de enrascada, todos eles enraizados em crenças que demonstram ser desfavoráveis se queremos tomar decisões mais acertadas como, por exemplo: "grudar" em valores, a despeito de

---

[6] Não é um susto perceber o salto no valor dos imóveis? Em valores corrigidos, o preço seria, no mínimo, o dobro desse...

outras considerações, como vimos no caso inverso, da compra do apartamento (ver *ancoragem*, p. 3); detestar reconhecer que cometeu um equívoco, mesmo que isso signifique seguir cometendo equívocos ainda piores (*confiança excessiva*); e superestimar o que é seu (*efeito posse*).

Com relação a este último, em um interessante experimento realizado, perguntaram aos participantes quanto eles pagariam por uma caneca ordinária, e ninguém se animou a pagar qualquer coisa importante por ela; então, deram a caneca de presente a eles – pronto, agora eram donos da mesma caneca sem graça! Depois, perguntaram por quanto cada um venderia a sua, e – *shazam!* – todo mundo queria um precinho alto, é claro! Ou seja, bastou tomar posse do objeto para aquilo passar a valer muito mais aos olhos de seu dono. O caso do apartamento pode ser equivalente – como é meu, vale muito e não vendo por menos, em hipótese alguma!

26. Você é um gestor no mercado financeiro e fez investimentos que não deram o retorno desejado. Um ano mais tarde, quando questionado sobre aquela experiência e os motivos que o levaram àquelas decisões, você oferece explicações e justificativas muito distantes do que realmente ocorreu.

Não, você não precisa ser, necessariamente, um pilantra! De acordo com um psicólogo econômico que tem estudado bastante esse assunto, Gustav Lundberg, você pode ter sido vítima de uma *abdução do raciocínio*.

Ficha técnica: abdução do raciocínio e dissonância cognitiva.

Não foram os alienígenas que levaram embora o seu poder de discernimento, mas alguma coisa se passou, dentro de você, que o privou de analisar com rigor a situação de falta de êxito. Como consequência, você passou a acreditar que fez coisas mais adequadas lá atrás, quando na realidade não foi assim, infelizmente. Para tentar dar conta dessa *dissonância cognitiva* – afinal, sou um(a) gestor(a) competente ou não sou? – você pode, sem se dar conta disso, ter lançado mão desse recurso, uma vez que é tão fácil alterar e distorcer nossas percepções e lembranças. Fazemos isso direto, e de forma inconsciente.

Junto com essa modalidade de armadilha encontramos também, muitas vezes, a situação oposta, vinda da parte do cliente do gestor, por exemplo, embora não ocorra só neste caso. Funciona mais ou menos assim: se o investimento deu certo foi porque eu recomendei ao meu gestor que ele o fizesse, pensa o cliente; mas se deu errado, bom, nesse caso a culpa é daquela besta que não fez o que eu mandei etc.

27. Até o ano 2000 quase todo mundo acreditava que "investir na internet é o jeito mais fácil de ficar milionário instantaneamente". Alguns fizeram isso e compraram empresas "pontocom" por milhões de dólares ou reais, muitos outros investiram nas ações dessas empresas, na bolsa NASDAQ, de Nova York. Ficaram todos milionários?

Infelizmente, não. Sem dúvida, houve quem ganhasse rios de dinheiro, mas a enorme maioria não se deu tão bem. A "bolha da NASDAQ", como ficou conhecida, estourou em 2000, depois de um breve período de sucesso estrondoso. Como costuma acontecer, uns poucos chegaram na frente, pensaram com cuidado, tiraram o time de campo na hora certa, ou deram um rumo sólido ao seu negócio e se deram bem. A massa de investidores, porém, chegou tarde demais e pegou só o rebotalho do lance.

Ficha técnica: regras de decisão têm prazo de validade.

Algumas razões para fenômenos desse tipo têm sido estudadas por especialistas. O economista psicológico Peter Earl explica que, com o objetivo de tomar melhores decisões econômicas, costumamos levar em conta recomendações de especialistas, "dicas" e modelos bem-sucedidos, que procuramos seguir. Contudo, mesmo quando regras que parecem ter dado certo para outros investidores são adotadas, os resultados podem ficar muito aquém do esperado. Isso porque os primeiros se preocuparam em conhecer as perspectivas do negócio a fundo, colheram as informações realmente importantes, analisaram um grande número de variáveis, pensaram no longo prazo e, assim, puderam escolher a alternativa com maior chance de acerto e lucro. Quando a "galera" viu aquele sucesso todo e quis embarcar na mesma onda, contudo, não teve os mesmos cuidados, limitando-se, por exemplo, a ir atrás de qualquer coisa com a terminação "pontocom".

Um bom desfecho para esse comportamento seria difícil. Faltou "só" examinar a nova situação, com toda a sua complexidade e todas as suas exigências particulares. Ou seja, depois que especialistas estabelecem "regras", ou coordenadas, para analisar investimentos e decidir sobre eles, utilizando-as com sucesso durante algum tempo, a massa de investidores leigos procura seguir aquele exemplo; no entanto, à medida que as recomendações se espalham entre os 'amadores', sofrem deformações gradativas, que comprometem seu valor original. É o mesmo princípio da velha brincadeira do "telefone sem fio". Enquanto as informações, tomadas como REGRAS DE DECISÃO, passam de um para outro, espalhando-se entre a população comum, que não é composta por *experts*, elas vão se degradando e deixando de ser úteis para as novas condições do mercado. O que valia em determinado momento pode não ter mais sentido algum tempo depois.

Dessa forma, seguir as regras de quem entende profundamente do mercado pode não ser a melhor ideia, caso o investidor não leve em consideração outros fatores, justamente como o especialista faz – ou deveria fazer – a cada nova situação com que se depara. Respeitar a condição "se-então" é uma delas, o que significa lembrar que determinadas funções operam apenas sob certas condições: *se* há alguma chance de ser construída uma estação de metrô em tal lugar, *então* vale a pena comprar um imóvel nas imediações. A "dica" não é, simplesmente, "compre qualquer imóvel", pois a degradação das regras originais de decisões podem levar os últimos da pirâmide de investidores a entrar pelo cano, ao passo que os primeiros, os especialistas, que estavam suficientemente sintonizados com o momento daquele investimento, podem lucrar com ele.

Claro que é possível aprender com quem se dedica a esse tipo de estudo, tem experiência e acesso a muito mais dados do que o investidor comum. O que pode não funcionar é seguir regras que podem estar com seu prazo de validade "expirado". Nesse sentido, nada substitui a atenção que apenas o investidor poderá dedicar aos seus negócios.

28. Você já começou três negócios, mas nenhum deu muito certo. Sua sensação é de que você merece ter sucesso – profissional e financeiro – já que é uma boa pessoa e sempre se dedicou ao trabalho. Portanto, seja qual for a próxima tentativa, ela terá que funcionar. Afinal, depois de tomar tanto na cabeça, agora é hora de a coisa deslanchar, não é?

Não será suficiente acreditar que "agora vai", para, de fato, ir. Se você efetivamente se lançar na nova empreitada sem preparo prévio, planejamento e conhecimento, nada o impedirá de ir para o buraco mais uma vez, já que o acaso não é justo e não será porque você já se deu mal três vezes que "tem que" se dar bem na próxima.

Ficha técnica: acreditar que o caso é justo...

Na verdade, nem o mundo é justo, infelizmente! Mesmo assim, trazemos essa crença arraigada dentro de nós. Num cassino, por exemplo, é comum deparar-se com jogadores que teimam em apostar em determinado número "porque faz tempo que ele não sai, então tem que sair da próxima vez". Para os especialistas, trata-se de *concepções errôneas sobre o acaso* e, para o seu novo negócio funcionar, você terá que se empenhar de forma tão racional e objetiva quanto possível, contando com a ajuda da observação, dos conhecimentos e da aprendizagem. É bom que a confiança seja em você, não no acaso...

29. VOCÊ ESTÁ DOIDO POR UM MP3[7], MAS NÃO VAI DAR PARA ENCARAR AQUELE PREÇO. SEU AMIGO CONTA QUE COMPROU UM, PELA METADE DO PREÇO, DE UM CARA QUE "IMPORTA", SEM NOTA FISCAL, NA BASE DE *LA GARANTIA SOY YO* (COMO DIZEM OS CAMELÔS QUE SE ABASTECEM DEPOIS DE FOZ DO IGUAÇU...). PRONTO, VOCÊ DECIDE QUE É A SUA CHANCE DE TER O SEU MP3.

Claro que você já ouviu inúmeras histórias de mercadorias com defeito, compradas em "muambeiros" que somem assim que os problemas aparecem. Já saiu tudo no jornal, você mesmo já foi vítima naquela vez que comprou o seu primeiro computador, e só depois de pagar descobriu que ele não tinha todos os recursos prometidos. Teve que adicionar memória, modem, um monte de coisas pelas quais, teoricamente, você tinha pago. Foi a velhíssima história do barato que saiu caro. Mas agora você está com tanta vontade de ter o novo aparelho, que

---

[7] Lembra do velho e cobiçado mp3? Você teve um? Vale observar como os nossos desejos são mutáveis, voláveis, tão sujeitos à oferta de novos produtos... Da próxima vez que quiser, ardentemente, alguma coisa, lembre-se disso!

prefere acreditar que a experiência – única e recente – do seu amigo seria prova suficiente de que pode fazer um bom negócio.

Ficha técnica: insensibilidade ao tamanho da amostra + a força do desejo.

Temos aí a chamada *insensibilidade ao tamanho da amostra*, já verificada, inclusive, entre os maiores especialistas em amostragem, que são os estatísticos e pesquisadores veteranos – mesmo eles caíram na "pegadinha" e não deram bola ao tamanho da amostra para avaliar e julgar as chances de sucesso futuro. Além do outro problema, que é a MEMÓRIA CURTA ("no Brasil, a cada 15 anos todos esquecem o que aconteceu nos últimos 15 anos", segundo o falecido jornalista Ivan Lessa). Certamente, temos aqui também mais uma manifestação do poder dos nossos desejos, que nos faz dar a volta e desconsiderar elementos importantes da realidade em troca de uma possibilidade de realização imediata – mesmo que tudo não passe de ilusão!

30. Você tem, ou arrenda, uma propriedade rural. Como faz para decidir de que modo utilizá-la? Lavoura ou gado? Se lavoura, de que tipo? Gado de corte ou leiteiro? Uso de agrotóxicos? Transgênicos? Empréstimo do governo? Renovação das máquinas?

Muita gente diz que ser agricultor, no Brasil, é coisa para profissional. Além de todos os fatores climáticos, cada vez mais imponderáveis, aliás; tem que se preocupar também com inúmeras medidas do governo, tributações, flutuações cambiais, taxas para exportação, a conjuntura político-econômica global e por aí vai. Não é fácil mesmo. Para peitar este imenso desafio, já se conta com ferramentas sofisticadas também: a internet ajuda a manter muitos dados em dia, desde meteorológicos até da situação das *commodities* no Brasil e no mundo; avanços tecnológicos no setor agronômico facilitam o acesso a produtos competitivos; a mecanização de um modo geral reduz a necessidade de mão de obra, facilitando o gerenciamento do negócio; feiras favorecem a troca com pares e o conhecimento de novidades em todos os níveis etc.

Como tudo, porém, surgem novas frentes de complicações: pragas que se disseminam, movimentos sociais sobre os quais se chega a um acordo, a própria tecnologia que promove um certo nivelamento e homogeneização – como ter mais chance de sucesso, então?

Uma possibilidade poderá estar no apuro das decisões tomadas, a partir do conhecimento das distorções que tão comumente nos atingem. Se estas são sempre "decisões frente a situações de incerteza e risco", é bom conhecer em detalhe todas as armadilhas cognitivas e emocionais e tentar precaver-se em relação a elas. É mais trabalho? Sim, mas pode poupar muuuuuuuito mais trabalho à frente, além dos prejuízos todos, decorrentes de escolhas infelizes que poderão gerar colheitas de problemas – e não de soluções ou encaminhamentos.

31. SEU ORÇAMENTO ESTÁ BEM APERTADO, MAS SUA CASA ESTÁ PRECISANDO DE UMA PORÇÃO DE COISAS: SOFÁ NOVO, PORQUE O VELHO ESTOUROU AS MOLAS, PIA DA COZINHA, QUE RACHOU, ARMÁRIO PARA A FILHA QUE CRESCEU E UM FORNO DE MICRO-ONDAS, MAS AQUELE QUE DOURA AS CARNES, PORQUE, AFINAL, NINGUÉM É DE FERRO.

Você tem apenas R$2.000[8] de renda total para passar o mês e pagar tudo que precisa. Vai àquela loja popular que anuncia que você pode pagar como quiser. Ali, o micro-ondas sai só por R$15 por mês. O número de parcelas você nem olha direito – o que importa é que R$15 é tão pouquinho, cabe tranquilamente no seu orçamento. No outro dia, você vai à loja de materiais de construção e encontra a pia. O preço está ok, mas se você levar o gabinete todo vira um bem bolado irresistível! E o melhor: só por R$38 por mês. Em pouco tempo, de grão em grão, você acaba comprometendo quase a metade do salário, em prestações que, tomadas individualmente, são pequenas. Isto é, cada uma pode ser pequena, mas quando reúne todas, acaba ficando inviável pagar tudo e ainda dar conta de todos os seus outros gastos habituais, que incluem despesas com alimentação, transporte, saúde, educação dos filhos, aluguel, condomínio, impostos – tudo o que você precisa para viver. O caminho para tentar resolver o impasse também é um velho conhecido – entrar no cheque especial, rolar o cartão de crédito, pegar um empréstimo a juros mais baixos na empresa (se bem que isso, na verdade, você já faz direto, nem se lembra direito como era receber o salário inteiro, sem o desconto mensal

---

[8] Quais seriam os valores atualizados, na sua opinião, para manter o sentido do exemplo? Por aí, já dá para ver, também, o poder corrosivo da inflação sobre nosso dinheiro, por exemplo...

dessa restituição), levantar uma grana na financeira popular, onde não tem que provar nada, cair nas mãos de agiotas como último recurso.

Nenhum deles será fácil no longo prazo. A situação pode sair do controle rapidamente, sem que a pessoa se dê conta disso. Quando acorda para onde foi amarrar o seu burro, a bola de neve pode estar arrastando toda a sua existência!

Ficha técnica: escolha intertemporal + contas mentais + desconto hiperbólico subjetivo.

Esse quadro vem se tornando lamentavelmente comum e atinge, guardadas as equivalências, todas as classes socioeconômicas. Não é o caso de culpar as lojas ou as agências de propaganda que manipulam ou veiculam informações tendenciosas. O ideal é que fossem todos, sem exceção, extremamente responsáveis por seus atos, pesando consequências e comportando-se de modo ético. Se não constatamos a prevalência de atitudes dessa natureza, resta-nos prestar atenção e precavermo-nos contra tantos perigos.

Para começo de conversa, conhecermos onde moram esses perigos e desenvolvermos ferramentas para nos protegermos. Nossa vulnerabilidade, quando estamos diante de ESCOLHAS INTERTEMPORAIS (pego agora, mesmo que isso signifique pagar mais do que conseguir esperar para pegar depois), usando de CONTAS MENTAIS (aqueles cálculos mirabolantes que fazemos, mantendo ganhos, gastos, investimentos, perspectivas futuras etc. em compartimentos estanques, sem conseguir enxergar o todo da situação) e nos relacionando com alternativas equivalentes de modos distintos, conforme sua localização no tempo (DESCONTO HIPERBÓLICO SUBJETIVO), indica a importância não abrirmos mão de nossa atenção. Se somos seres frágeis e limitados, só nos resta a disposição para aprender sempre.

32. O grande negócio das lojas de R$1,99.

Ou de qualquer preço anunciado terminando em ",99", como R$9,99, no lugar de R$10,00 e outros mais. Este poderia ser um exemplo de uma importante descoberta da Psicologia Econômica que recebeu o nome, em inglês, de *FRAMING*. Aliás, foram Kahneman, o ganhador do Nobel, e seu colega Tversky que chamaram a atenção para o assunto.

Ficha técnica: framing (efeito moldura ou enquadramento).

Framing quer dizer moldura, ou enquadramento, e eles verificaram que o *modo* – mas *não o conteúdo* – como as informações são apresentadas às pessoas influencia MUITO a sua percepção delas e, consequentemente, como avaliarão e escolherão, na hora de decidir. Os vendedores já tinham descoberto o macete há mais tempo, pois não é de hoje que exploram essa nossa vulnerabilidade. Se estamos em conflito a respeito daquele gasto, na dúvida se deveríamos encará-lo ou não, acreditar que ele é menor do que de fato é ajuda um pouquinho a diminuir a DISSONÂNCIA COGNITIVA (ver p. 2) e, portanto, a culpa também. Mesmo que, para valer, não mude nada de verdade! É só mais um caso do velho "me engana que eu gosto..."

33. No embalo de arredondar: uma situação que tem baixa probabilidade de acontecer pode acontecer ou de jeito nenhum?

Claro que, falando assim, a gente até responde – a probabilidade pode ser pequena, mas isso não quer dizer que seja zero! Só que na hora do "vamos ver", muitas vezes embarcamos em muitos arredondamentos indevidos: quando fazemos um investimento, por exemplo, não é difícil esquecer que "risco baixo" não é a mesma coisa que não ter risco nenhum.

Ficha técnica: desconsideração por probabilidades muito altas ou muito baixas.

Quando, no início dos anos 2000, houve uma mudança de regras no mercado financeiro, que passou a adotar a "marcação a mercado", muita gente entrou em pânico, ou, no mínimo, ficou muita aflita, porque os rendimentos diários da renda fixa, um dos investimentos mais conservadores disponíveis e que, à época, eram bastante altos em função da taxa de juros igualmente alta, de repente caíram sensivelmente. Foi um ajuste temporário, mas suficiente para que muitas pessoas quisessem se desfazer deles. Quem fez isso no sufoco acabou perdendo ainda mais. Não teve calma para esperar a regularização da coisa e surtou ao perceber que, sim, havia risco. No entanto, essa informação havia sido, até aquele momento, "esquecida", desconsiderada – apesar de ninguém tê-la escondido deliberadamente.

34. Comprei um carro. Devo fazer seguro ou não? E o meu apartamento, devo segurar também?

Quando contratamos um seguro, estamos levando em conta a possibilidade de ocorrer alguma coisa muito indesejável com aquele bem: o carro ser roubado, dar uma trombada, ser responsável pela batida e ter que arcar com os prejuízos do outro veículo etc., embora não seja possível saber, de antemão, se nada disso acontecerá efetivamente. Muita gente prefere acreditar que não, e não faz seguro. Se o desastre acontecer, fica pra lá de aborrecida e, às vezes, não consegue repor o bem de imediato ou até nunca mais. Outros, mesmo que nunca tenham sofrido qualquer perda, renovam seu seguro religiosamente a cada ano. É uma espécie de troca: comprar ação protetora, que pode reduzir a probabilidade de um evento indesejável, mas que não a elimina totalmente, em muitas situações.

Ficha técnica: Dificuldade para identificar - e calcular - risco, otimismo excessivo, aversão à perda (não quer desembolsar os custos do seguro)

O que define, então, essas decisões? E o que pesamos para fazer um seguro assim ou assado? É a típica decisão baseada em CRENÇAS SOBRE A PROBABILIDADE A RESPEITO DE EVENTOS INCERTOS, conforme Tversky e Kahneman descrevem. Sabemos que temos mais facilidade para imaginar aquilo de que ouvimos falar ou testemunhamos, recente e/ou frequentemente. São os chamados vieses em função de disponibilidade e imaginabilidade.

Isso pode ajudar a entender por que, embora a taxa de proprietários de veículos segurados seja, no Brasil, bastante baixa em comparação a outros países, é ainda bem mais alta do que o de domicílios segurados. Basta andar pelas ruas de grandes cidades para ver, com alguma frequência, acidentes de carro. E grande parte das pessoas também já teve, ou acompanhou com alguém próximo, a infeliz experiência de ter seu carro roubado. Ou seja, essa perspectiva está mais presente na mente das pessoas, levando-as a tentar se garantir contra a perda total caso venha a ocorrer. Como o roubo a apartamentos é um pouco menos frequente, pode não exercer o mesmo impacto sobre a percepção e avaliação dessa hipótese, reduzindo o número de interessados em segurar sua residência.

Mas no caso dos carros, por que, apesar dos riscos mais aparentes, tanta gente deixa de fazer o seguro? Aí podemos levantar algumas hipóteses: para a alegação de que "não tem dinheiro" para isso e, de fato, o valor do seguro nesse caso costuma ser bastante salgado (de acordo com as seguradoras, pelo próprio fato de ser, relativamente, pouco disseminado, reduzindo a base de captação de recursos para pagamento de eventuais sinistros, ou seja, se mais pessoas fizessem seguro, o valor unitário da apólice poderia ser menor), pode-se supor que, caso o veículo escolhido fosse um pouco mais barato, o custo do seguro ficaria viável – mas quem gosta de abrir mão daquilo que sonhou e quer que seja o melhor possível?

Se dá para comprar zero-quilômetro, mesmo que não consiga fazer o seguro, a pessoa toparia comprar seminovo e com seguro? Muita gente não aceita essa troca e prefere correr o risco de, na pior das hipóteses, ficar sem carro algum! Em tristes casos, tendo que, mesmo assim, pagar as prestações e ficar a pé... Seria uma clara ilustração do princípio do prazer? A ilusão de estar incólume a ameaças e o desejo de adquirir o bem falando mais alto do que qualquer outra ponderação? Manifestação de confiança excessiva? Seja como for, fica difícil, depois, culpar outros fatores, como a violência, nos assaltos, ou a imprudência, nos acidentes, embora possa parecer tentador empurrar a responsabilidade para o lado.

35. Você se separou da sua esposa. Ou vice-versa: separou-se do seu marido. De todo modo, agora, tem todas as providências a tomar com relação ao dinheiro. Como vocês combinam os valores da pensão e as visitas aos filhos?

Nos dois casos, pensão alimentícia e com quem os filhos vão ficar, estamos diante de recursos finitos: dinheiro e tempo. São, portanto, decisões econômicas. Isso significa que vale a pena lembrar-se de todas as limitações que temos para administrar esses assuntos, a fim de não tornar as coisas ainda mais difíceis do que já são, em qualquer separação.

Ficha técnica: o poder das emoções sobre a razão.

Pensar com calma é o jeito mais obviamente propício a bons resultados. Manter a flexibilidade dos acordos à medida que o tempo passa também é importante. Se os filhos forem muito pequenos, talvez não consigam escolher na casa de quem passarão o fim de semana; mas ao crescerem um pouco mais já podem participar dessas decisões também. Sobre dinheiro, é importante ter atenção especial, a fim de que ele não vire arma de pressão, chantagem emocional, pomo da discórdia infinito e outros micos que podem tornar a vida dos dois lados um pequeno – ou grande – inferno. Quando a família tem clareza sobre sua vida financeira em geral, fica mais fácil calcular a nova distribuição dos bens, agora dividida em dois domicílios. Se a coisa já era bagunçada, a chance de aumentar a confusão também cresce. Por outro lado, esta também pode ser uma boa oportunidade para inaugurar um novo jeito de cuidar das finanças.

O mais comum é que o cinto tenha que apertar para os dois lados – se antes a renda X era toda voltada para bancar as despesas de uma casa só, agora, provavelmente, serão duas casas para a mesma renda, o que implica aquelas "restrições orçamentárias" das quais não somos muito amigos. No entanto, esta transição pode trazer novos modos de enxergar as coisas, ampliar os horizontes, seja no sentido de descobrir fontes de satisfação com custos mais baixos, seja na utilização mais racional dos recursos disponíveis, ou nas perspectivas de aumentar a renda (mais gente ganhando dinheiro na família, por exemplo). Se puder ser vista como uma empreitada coletiva, a nova administração financeira pode ajudar a superar a dor da separação afetiva e se transformar em possibilidade de crescimento.

Mais uma vez, será fundamental não esperar que isso possa acontecer sem algum sofrimento e sem ter que tolerar frustrações. Tudo isso é quase sempre inevitável. Mas talvez se possa evitar ficar empacado nesse estágio pelo resto da vida, isso sim, pra lá de péssimo... Por isso, também é bom ter em mente que os acordos são parte desse processo, então vale a pena se esforçar para chegar a termos favoráveis para todos os envolvidos – se quiser "passar a perna" a brincadeira pode sair mais cara, com muito mais cacetação para o seu lado, ali adiante. É pena, mas tem gente que acaba "brincando" disso – altos e dispendiosos litígios conjugais – para o resto da vida. Em outras palavras, além do dinheiro para advogados e tudo mais, vai desperdiçar um precioso bem finito: o seu tempo.

36. Quem foi que disse que crédito consignado é sempre uma benção para os aposentados?

Ainda dentro do assunto do endividamento, estamos tendo a oportunidade, nos últimos tempos, de observar uma situação que chega, em alguns casos, a ser alarmante: o uso indevido do crédito consignado. Chamo de "indevido" porque esse recurso tem acabado por servir a fins de consumo não essencial ou para outras pessoas que não sejam o aposentado ou segurado em questão. A ideia não é ruim: empréstimos a juros mais baixos do que aqueles praticados pelo mercado. Poderia ser a saída para muita gente que está endividada – você pega esse dinheiro, paga outros empréstimos pelos quais os juros são muito mais altos e, aos poucos, vai colocando sua vida em dia. No entanto, como estamos vendo, somos vulneráveis a tantas situações, somos escravos de nossas emoções, desconhecemos a tal ponto o que realmente nos vai na mente, que cedemos fácil aos nossos desejos, vendemos a alma para as ilusões e não demora para nos desesperarmos quando nos vemos no fundo do poço financeiro. Diante deste cenário, poderíamos esperar que o poder público tivesse o cuidado de estudar prévia e amplamente a situação, incluindo, nesse estudo, os detalhes sobre como reagimos a apelos aparentemente fáceis, de forma a preparar orientação completa com relação ao uso desse recurso. Não podemos esperar que os bancos façam isso de forma extensa e isenta, uma vez que são parte – muito – interessada no assunto. Seria ótimo e uma grande demonstração de responsabilidade social se o fizessem, e podemos até esperar que isso venha a ocorrer, mas é arriscado depender dessa iniciativa ou, do outro lado, da competência de cada tomador de crédito para discernir se vale a pena contrair aquele empréstimo. Esta seria uma importante oportunidade para pôr em ação conhecimentos sobre o comportamento econômico dentro de políticas públicas, conforme sugiro ao final deste livro.

Esses foram alguns exemplos de decisões econômicas e de pegadinhas (ou "pegadonas", em alguns casos, dadas as suas graves consequências) que podem complicá-las, dentre as inúmeras situações que temos que enfrentar no nosso cotidiano. Das mais importantes, como guardar ou não o cordão umbilical do filho recém-nascido (para aumentar as chances de tratamento com células-tronco no futuro, se for necessário) e em quais condições (há bancos privados e públicos que oferecem esse serviço, cada um com suas exigências, vantagens e desvantagens), a escolha de um seguro-saúde (qual tipo, por que valor, com quais cláusulas, cobrindo o quê), definir o que fazer quando se recebe um dinheiro extra (herança, prêmio, bônus) ou tudo que decorre de uma mudança de cidade, às mais corriqueiras, como reciclar ou não o lixo, optar entre viajar de carro, ônibus, avião ou carona, dar ou não gorjeta e, se der, qual o valor, como votar na reunião de condomínio sobre as propostas de orçamento, e tantas outras.

O fato é que estamos continuamente diante de alternativas que se apresentam no presente, apontando para consequências futuras que não conseguimos enxergar neste momento.

No lugar de tratar desse assunto às cegas, ou como se fosse tudo um grande cassino onde, a rigor, tanto faz apostar no preto ou no vermelho da roleta, acredito que seja mais útil apropriar-se da condição de ser quem encaminha a escolha, responsabilizando-se por ela, como agente mais consciente do processo. É nisso que consiste a possibilidade de, pouco a pouco, ganhar algum *insight* sobre formas mais favoráveis de tomar decisões econômicas.

CAPÍTULO 6

ANATOMIA DAS DECISÕES ECONÔMICAS

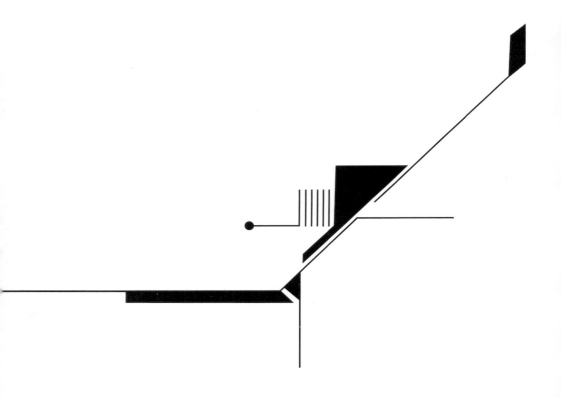

ANATOMIA DAS DECISÕES ECONÔMICAS

Decidir compõe-se de três etapas básicas: perceber, avaliar e escolher. E, como vimos, em cada uma delas estamos sujeitos a cometer vários equívocos. Por que é tão difícil escolher da melhor forma possível? E, talvez, o que seria ainda mais importante saber, já que não há muitas dúvidas sobre nossa ampla vulnerabilidade aos enganos – somos capazes de aprender com nossa própria experiência? O que pode ajudar nesse processo de aprendizagem?

Como disse no início, acredito que a chave mais importante esteja no conhecimento. No caso das decisões econômicas, esse conhecimento não pode limitar-se apenas ao ramo das finanças, à estrutura da economia como um todo, embora tudo isso seja também fundamental. Claro que é super importante saber como funcionam os juros, o quê está relacionado com o quê na conjuntura econômica do país e internacionalmente, quais as consequências da taxa de juros ser esta ou aquela, as implicações da abertura às importações, e tudo mais que compõe o cenário econômico onde vivemos.

Da mesma forma, não saber fazer o próprio orçamento, seja doméstico ou do seu negócio, diferenciando entradas e saídas, diferenciando o dinheiro familiar daquele específico à empresa, diferenciando o que é ganho bruto do líquido, planejando as contas futuras, separando o que dá para guardar etc., tem muita chance de dar confusão, seja no curto, médio ou longo prazo.

A questão é que o assunto não se esgota nesses conhecimentos. Para poder ganhar alguns graus de liberdade em suas escolhas é necessário ir além das informações "técnicas" e chegar ao ponto de tomar consciência de como age, por dentro, frente às decisões que precisa tomar.

Por isso, vamos olhar, novamente, para o que se passa dentro de nossa cabeça quando estamos diante de uma decisão a tomar. Psicanalistas estão habituados a entrar em contato com o que denominamos "mundo mental" ou "mundo emocional", para não perder de vista a importância que as emoções têm nesse processo. A investigação que realizamos, na psicanálise, parte do que observamos em nosso contato regular, que costuma ser frequente e ao longo de muitos anos, com nossos clientes. Nas conversas que temos com eles, estamos atentos, de uma forma um pouco diferente da atenção que se presta a um livro ou ao papo com os amigos, por exemplo, ao que se passa no plano não sensorial, isto é, tudo aquilo que podemos captar além de nossos sentidos. Na verdade, não ficamos atentos apenas ao cliente, mas também ao que acontece dentro de nós, quando realizamos esse trabalho. Nosso objetivo, portanto, que é conhecer o máximo possível a respeito do mundo mental ou emocional, só pode ser alcançado quando usamos esta ferramenta – nossa própria mente.

Acredito que os conhecimentos adquiridos desta maneira – dentro do consultório, como psicanalista, ao lado das teorias desenvolvidas, a partir da clínica, pelo campo da Psicanálise há mais de cem anos e prosseguindo até o momento – podem nos ajudar a iluminar o que se passa conosco quando fazemos nossas escolhas.

Em paralelo, os pesquisadores da Psicologia Econômica, que vêm realizando estudos empíricos, com experimentos em laboratório, levantamentos com a população, entrevistas e questionários, e formulando teorias sobre o comportamento econômico dos indivíduos e grupos há muitas décadas, também nos oferecem importantes dados para mapear nossas decisões econômicas.

Para entendermos um pouco melhor alguns de nossos comportamentos que podem parecer intrigantes – na Economia, por exemplo, eles recebem o nome de "anomalias" – começaremos com alguns esclarecimentos.

Em primeiro lugar, precisamos nos lembrar de três pontos importantes:

1. Não vivemos apenas em um nível de realidade, mas em três: temos a realidade externa, que é esta que todos compartilhamos, a grosso modo – ela é concreta, objetiva e pode ser captada por nossos sentidos –, mas não é a

única; cada um tem, também, sua própria realidade, no nível interno, que é formado por seus impulsos instintivos, seus desejos, suas fantasias – nessa dimensão, a realidade é sempre pessoal, original, "idiossincrática" pois, embora sejamos todos constituídos por uma mesma matéria-prima, por assim dizer, em termos de espécie, e mesmo de constituição física e emocional básica, temos, naturalmente, muitas diferenças individuais, familiares e culturais com respeito a esses fatores. Por fim, da inter-relação entre esses dois primeiros níveis, externo e interno, surge o terceiro, que é chamado de realidade psíquica – em outras palavras, à medida que absorvemos aquilo que podemos perceber da realidade externa, o que é feito conforme as possibilidades e condições de cada pessoa, e também constituímos essa realidade externa com nossas contribuições, originadas no nível interno de cada um, estamos nos movendo numa esfera que mescla aspectos internos e externos. Isso é feito por meio de dois mecanismos fundamentais, chamados de introjeção e projeção, que nos permitem colorir a realidade com nossos próprios tons, ao mesmo tempo que somos coloridos por ela também; por essa razão, dificilmente teremos uma uniformidade de visões sobre o mundo – cada um o enxerga à sua maneira, que depende, também, da cultura em que vive, da sua época, dos valores, das crenças, da criação familiar etc., o que já questiona o conceito de "homem econômico" universal que a Economia propõe como modelo sobre o qual desenvolve suas teorias.

2. O outro ponto fundamental é o seguinte: como espécie, nossas emoções surgiram milhares de anos antes do que nossa razão – as emoções têm raízes nos nossos instintos, portanto, operam de forma meio "animal", visando muito mais nossa sobrevivência imediata do que nosso aprimoramento, por exemplo. As emoções são essenciais para nos manter vivos, é claro, mas são, em sua maior parte, conteúdos mentais mais primitivos, por assim dizer, já que não passam pelo crivo da razão, da ponderação, e da reflexão; é fato conhecido que, mesmo quando tentamos nos "chamar à razão", raramente temos sucesso... Quem já disse para si mesmo(a) para deixar de gostar de alguém que não era o caso naquele momento e tudo que conseguiu foi ficar com a cabeça ainda mais sintonizada na pessoa? Ou quem já tentou se convencer a não repetir a feijoada ou o bolo de chocolate maravilhoso,

porque não queria engordar e, na hora, não foi capaz de se impedir de fazê-lo? Quem já respirou fundo antes de conversar, munido de toda a calma possível, com o(a) filho(a) adolescente, mas na hora acabou perdendo a cabeça e a conversa virou uma briga homérica? Quem quis pedir aumento ao chefe, mas ficou com tanto receio de ser mal recebido que, no momento de entrar na sua sala, resolveu deixar o assunto de lado?

São muitas as situações em que nos vemos paralisados, transtornados, quase irreconhecíveis a nós mesmos, incapazes de solucionar problemas aparentemente simples. Ou, de outro lado, espantados com um súbito sangue-frio, com uma feliz intuição que nos guia sem que entendamos bem o que está acontecendo. Em todas elas há, em comum, a presença forte das emoções – para o bem ou para o mal. Mas é inegável que nossa razão é muito frágil e não consegue, em geral, fazer frente ao poder das emoções.

3. Com relação ao que povoa nossa mente, alguns se surpreendem ao descobrir que, em sua maior parte, são conteúdos que desconhecemos! Eu explico: desconhecemos no sentido de termos consciência plena, de compreendermos, de termos clareza, embora tudo que esteja dentro de nós seja nosso, nos influencia e mais, somos responsáveis por isso – mesmo que esteja afastado de nossa consciência.

É assim que temos sonhos estranhos quando dormimos, esquecemos o nome de pessoas próximas, trocamos palavras no meio da frase, nos enganamos quando dizemos o preço de alguma coisa – são os chamados "lapsos", provocados por conteúdos inconscientes que pretendem tornar-se conscientes, mas a censura que existe dentro de nós impede isso.

Para conseguir se manifestar, eles então precisam se disfarçar – enganam a censura e aparecem "sem querer". É muito importante lembrar, também, que os conteúdos inconscientes obedecem, basicamente, a uma lei: a lei do nosso desejo. E é por esse motivo que temos a tal censura – para conseguirmos viver com outras pessoas temos que manter grande parte de nossos desejos sob controle, caso contrário a coisa ficaria caótica. Imagine se cada um fizesse exatamente o que quer, na hora que quer, com quem quer, no lugar que quer etc.! Um exemplo bem simples: você quer jantar num bom restaurante, mas não quer pagar por isso

– será que o dono do restaurante tem o mesmo desejo, de que você não pague? Dificilmente... É mais ou menos o que acontece num *playground*: as crianças, que ainda não desenvolveram esse senso crítico – até os sete anos, costumamos dizer que não chegaram, justamente, à "idade da razão" – procuram, cada uma, satisfazer seus próprios desejos e é aí que surge muita briga e confusão entre elas (às vezes entre os pais que, supostamente, são adultos, também, mas isso já é outra história). Por exemplo, uma quer a bola da outra, tenta pegá-la e, se aquela que está com a bola não quiser entregar, a primeira pode mordê-la, puxar o cabelo, e se não puder ter a bola talvez chore ou faça um pequeno escândalo. Entre nós, embora mais crescidos, a vontade é de fazer parecido, por isso desenvolvemos o mecanismo da censura. Em nome de construirmos uma civilização, cada um abre mão de seus desejos mais selvagens, abandonamos a condição de animais irracionais e, em troca, ganhamos uma cultura, que também nos proporciona satisfações, de outra natureza, como a ciência, a arte, os sentimentos mais elevados, a possibilidade de termos relações mais profundas e compassivas etc.

E o que tudo isso tem a ver com as decisões econômicas mesmo? A questão é que nossas decisões – econômicas ou não – são tomadas em nossa mente, por isso interessa conhecer um pouco como as coisas se passam dentro dela. Os diferentes níveis da realidade, a força das emoções sobre a razão e sobre o nosso comportamento em geral, o desconhecimento de muito que se passa dentro de nós, são, portanto, elementos importantes para entendermos sobre os nossos processos psíquicos.

Falamos em desejo. Está aí um ponto central associado às decisões econômicas: por que nos preocuparíamos em ter dinheiro que, em si, não vale nada (ninguém se alimenta de notas ou moedas, ninguém veste cartões de crédito, constrói casas com folhas de cheque etc.), se não fosse pelo fato de que ele representa um meio para chegarmos a satisfazer nossos desejos?

No entanto, desejo é uma coisa, enquanto a necessidade é outra, com características diferentes. Necessidades estão mais associadas ao plano fisiológico e, no limite, são inadiáveis – como a fome, a sede, a necessidade de abrigar-se ou de fazer sexo, por exemplo. Por outro lado, desejo tem a ver com nossa vida mental, portanto, ganha colorido bem pessoal – o que uma pessoa deseja pode ser inteiramente supérfluo para outra ou, uma vez obtido, pode perder completamente o significado para ela mesma.

Um exemplo: para pessoas que têm problemas com consumo excessivo, o prazer de comprar pode estar associado muito mais à experiência da compra, em si – ir à loja, receber atenção do vendedor, sair com o objeto comprado nas mãos – do que com aquilo que de fato comprou. Pode até acontecer de o encanto todo terminar assim que o pacote for aberto em casa! Por isso o ritual precisa ser repetido no dia seguinte. Nesse caso, o desejo era de quê?

Justamente porque nossos desejos representam uma grande vulnerabilidade em nosso sistema psíquico. Estamos sempre em busca de realizá-los, detestamos ter que adiar sua gratificação, o objeto (ou pessoa, ou situação) que pode satisfazê-lo pode variar muito e sequer ficar totalmente nítido para nós e, por fim, estamos incessantemente sob sua ação, isto é, assim que um desejo é aplacado, logo surge outro para provocar nova ânsia e nos colocar em movimento para reiniciar o processo de procurar satisfação para ele. É por essa razão que esta vulnerabilidade pode ser tão facilmente explorada, pela propaganda, por exemplo, e por isso embarcamos com tanta facilidade em ilusões.

As ilusões são respostas rápidas – e, até segunda ordem, falsas – aos nossos desejos. Acreditamos nelas porque gostaríamos muito que fosse verdade ser possível encontrar satisfação para eles – mesmo quando isso não é possível, mesmo quando nem sabemos direito o que desejamos...

É claro que isso também facilita a vida de exploradores inescrupulosos, golpistas, gente que quer ganhar dinheiro à custa do esforço alheio. Como se juntasse a fome com a vontade de comer. O interesse em enganar "casa" com a vontade, quase irresistível, de ser enganado. Todos os contos do vigário utilizam esta base: a vítima adoraria que aquela situação fosse real – dividir um prêmio de loteria com seu generoso ganhador, receber um retorno fabuloso para seu investimento, ser amado(a) pela(o) galante pretendente que faz juras eternas e, enquanto isso, vai partilhando sua conta bancária – e, ao acreditar que o coelho da Páscoa vai realizar todos os seus sonhos, deixa-se enganar sem muita dificuldade.

Mas nem sequer precisamos de vigaristas por perto para cair em esparrelas. Podemos também perfeitamente fazer isso por conta própria! A moça quer tanto perder toda aquela celulite que compra o creme miraculoso que promete acabar com o problema em duas semanas, até mesmo pela internet, sem interagir com ninguém. O rapaz acha que só vai conseguir arrumar uma namorada legal se tiver um carrinho esperto, então topa fazer um financiamento a perder de vista, que fará o preço dobrar, e o vendedor talvez nem precise se esforçar para convencê-lo, já que para o comprador do carro aquela parece ser a única saída para seu problema amoroso. E por aí vai.

Ah, como é bom sonhar! Nenhum problema com os sonhos – eles fazem parte de nossa vida, que é tão árdua, em geral –, mas é sempre mais prudente lembrar que sonhos são... sonhos. E é na realidade que caminhamos e construímos nossa vida, efetivamente. Ou seja, como recreio, e mesmo como fonte de inspiração ou alento, tudo bem, mas depois convém retomar a vida real, se quisermos chegar a algum lugar.

Já vimos como estamos sempre diante de conflitos: entre nossos impulsos e a vida em sociedade; entre nossos desejos e a realidade concreta; entre o que é inconsciente e a censura em nossa mente, que não permite que se torne consciente. Entre as duas maneiras básicas de funcionar psiquicamente há ainda aquele outro conflito, que está por trás de todos estes, como se houvesse dois regimes, duas modalidades de orientar nossas operações mentais.

A origem de tudo é sempre a mesma: queremos satisfazer tanto os nossos desejos como as nossas necessidades. Com as necessidades, a margem de negociação é menor: se você está com fome, vai ter que comer, a certa altura; pode até "enganar a fome", durante algum tempo, tomando água, distraindo-se com um livro, fumando, se for fumante, mas chega uma hora em que precisará ingerir algum alimento, não tem como. Já no terreno dos desejos, a coisa pode mudar de figura. Como são fluidos, inefáveis, nebulosos, prestam-se a funcionar de maneiras também menos claras e diretas. Se sou aposentada e estou angustiada, porque desejo ajudar minha filha, que está passando por sérias dificuldades financeiras, e surge um sujeito à minha porta, oferecendo um empréstimo consignado, que não me dá muitas garantias, mas me acena com a possibilidade de um dinheirinho rápido para aquela difícil situação familiar, ficarei muito tentada a assinar o contrato sem avaliar direito o que ele representa. Só mais tarde posso vir a me dar conta de que era golpe, o dinheiro nunca aparece ou, no mínimo, não terei como arcar com o pagamento das parcelas e ainda ser capaz de pagar o aluguel, meus remédios e outras contas. Mas então será tarde demais, infelizmente.

•••

Vamos rever a história dos dois modos de funcionar. Freud os chamou de *princípio do prazer* e *princípio da realidade*.

O primeiro deles, o princípio do prazer, que é mais antigo em termos de espécie, mais infantil e mais prevalente em nossa mente, seja na idade que for, impõe um senso de urgência para chegar naquele objetivo de gratificação: tem que ser já, imediatamente, não dá para esperar, é agora ou agora. Bom, nesse caso, poderíamos dizer que "só falta combinar com os russos..." Isto é, por mais que se deseje obter gratificação, sentir o prazer que isso dá e, muito importante, afastar o enorme desprazer que a *falta* de satisfação provoca em nós, nem sempre a realidade está pronta para fornecer a satisfação pretendida.

Na verdade, raramente encontramos uma resposta perfeita aos nossos desejos. O mais comum é sentir frustração e, conforme o estilo de cada um, essa frustração pode se transformar em desânimo, raiva, exasperação, ódio, vontade de descarregar de alguma forma (comendo, comprando, arrumando briga, quebrando coisas, engravidando, bebendo, usando drogas, jogando bola, fazendo uma tatuagem – ou seja, fazendo qualquer coisa que, naquele momento, possa representar um tipo de alívio para a tensão que surgiu com a falta de gratificação almejada – o ato em si não importa, a questão é a sua função ali. Se tentarmos evitar esse sentimento de frustração por meio de algum tipo de evasão, chegamos até aí, apenas. É chato sentir essa coisa desagradável de não ter o que se quer, então a gente dá um jeito de fazer de conta que não está sentindo e pronto. O galho é que isso costuma ser feito à custa de sacrificar nosso contato com a realidade.

Dar essa volta nela – na realidade – acaba cobrando seu preço. Preço concreto, no caso das questões econômicas, e também preço psicológico, já que para crescer é preciso contar com um elemento que só a falta permite ter: espaço para crescer, para surgir um pensamento original, para enxergar um ângulo novo.

Encontramos eco a toda essa discussão sobre as limitações que nossa anatomia emocional nos cobra na visão que a Psicologia Econômica oferece do processo decisório. Mais uma vez, são Kahneman e Tversky que afirmam haver duas etapas fundamentais nele, que denominam *edição* e *avaliação*.

Na fase da edição é quando recorremos às tais regras de bolso ou heurísticas[1] – nos exemplos do capítulo anterior vimos como algumas delas podem

---

[1] A palavra heurística vem do grego *heureka*, que significa "descobri!", "inventei!".

resultar em vieses, que impedirão uma visão mais exata dos fatos. Por que fazemos isso? Para andar mais rápido. As heurísticas são atalhos mentais que, por cortar caminho, abreviam e simplificam nossa maneira de captar a realidade. Mas, como tudo na vida, elas têm seu preço: pode deixar a coisa mais ligeira, mas também muito menos precisa. O resultado é acabarmos reunindo dados tendenciosos, parciais, que vão se refletir em avaliações que podem se mostrar incorretas.

Ao lançar mão de regras de bolso para perceber a situação, julgar as perspectivas futuras que se apresentam e, então, escolher o que parecer ser a melhor, podemos cair do cavalo. A percepção é essencial para a posterior decisão. Se não caprichar nesta etapa, compromete todo o resto.

E o que dificulta tanto a isenção na percepção?

Levanto a hipótese de que o denominador comum (presente nos exemplos que vimos no capítulo anterior) seja exatamente este: a dificuldade para tolerar os sentimentos associados à frustração que sentimos quando nossos desejos não são plenamente satisfeitos. Ou seja – quase sempre!

Isso significa que, para operarmos dentro da segunda modalidade de funcionamento mental, de acordo com o princípio da realidade e, portanto, condicionada ao respeito à realidade, teremos que suportar, emocionalmente, as repercussões das frustrações inerentes à vida. Apenas quando procuramos levar em conta, para começo de conversa, as coisas conforme são, de fato, e aguentamos perceber suas características, de forma a poder avaliá-las com maior isenção, é que somos capazes de, ao fim e ao cabo, buscar transformar o que está insatisfatório.

Quer dizer, se pretendemos transformar a realidade, precisamos ser capazes de conviver, inicialmente, com a consciência de sua percepção, com a consciência de nossas próprias limitações, que fazem parte desta realidade, com o alcance, também restrito de nossas ações – e, ainda assim, ter força para seguir em frente e tentar mudar o que for possível. Muitas vezes, o que conseguimos mudar é o nosso modo de ver as coisas. Viva! Já é uma mudança importante – se vemos o mundo de outro jeito, nos colocamos nele de outro jeito também – e daí passa a ser um outro mundo e, nós, pessoas com outras alternativas dentro dele.

Tudo isso pode valer para as decisões que tomamos em qualquer situação, incluindo aquela que nos interessa aqui, que envolve fatores econômicos. A chance de acertar aumenta na proporção do quanto se conhece e de como administramos esse conhecimento. Não ajuda muita se o conhecimento permanecer inacessível a nós, porque está em nosso inconsciente, ou porque não damos importância quando tenta se manifestar, seja sob a forma de intuição, lapsos, fragmentos de lembranças, repetições, aquela vozinha pequenininha dentro de nós que, às vezes, sopra um aviso e, tantas vezes, ignoramos.

Para poder reconhecer quando deve ser considerado, só observando com cuidado, para desenvolver a capacidade de aprender com a experiência. Por isso gostamos tanto de exemplos. Por meio deles, fica mais fácil identificar situações vividas e, por associação, aumentar a chance de alguma coisa fazer, então, sentido para nós.

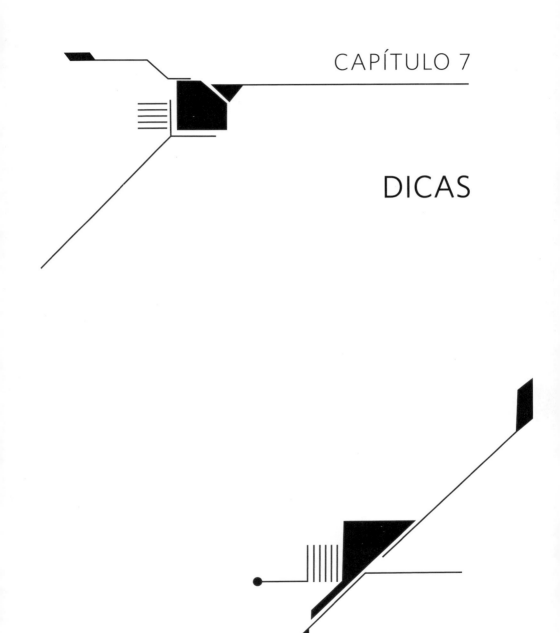

CAPÍTULO 7

DICAS

DICAS

Tendo em vista que "a pessoa tentará tornar suas estimativas de probabilidade compatíveis com seu conhecimento sobre o assunto, as leis de probabilidade, e suas próprias heurísticas e vieses"[1], quanto mais soubermos sobre tudo que se relaciona com a decisão a tomar, maiores as chances de acertarmos. Pronto, essa é a dica principal, a partir da qual decorrem todas as outras. Com a observação de que, como se trata de conhecimento, heurísticas e vieses, ou seja, também crenças e valores, o campo a desvendar vai além do que é puramente concreto ou técnico. Vamos ver como cobrir esse extenso território, então.

Felizmente, hoje em dia já temos a veiculação de diversas dicas sobre como você pode se proteger contra alguns golpes e as tentações de gastos excessivos, impensados e arriscados para suas finanças ou sua paz de espírito. Algumas chegam a ser clássicas, outras podem convidá-lo a pensar um pouco sobre o que você anda fazendo, e se vem dando resultado.

- Ao ver um produto que o(a) atrai fortemente, embora você nem tivesse planos para adquiri-lo, convém não efetuar a compra naquele momento – vale dar uma volta antes ou, ainda melhor, ir para casa e só retornar se continuar acreditando que realmente é o caso de comprar aquilo.

---

[1] Essa frase, traduzida por mim, é de Tversky e Kahneman (TVERSKY, Amos e KAHNEMAN, Daniel. Judgment under uncertainty: heuristics and biases. Science, 185: 1124-1131, 1974.)

- Mesmo que seja um item necessário, que você terá que comprar, vale a regra de buscar preço melhor, é claro – embora este possa não ser o único fator importante para você; neste caso, descubra antes o que vale mais a pena, pois o seu tempo pode custar mais caro do que a diferença de preço que você encontrou, daí deixa de ser sábio perder seu tempo indo atrás do menor preço, e passa a ser vantajoso adquirir logo o produto e usar o tempo no que lhe der mais retorno.
- Em outras palavras, o que interessa mesmo é ponderar sobre cada situação – não existe uma regra única e válida para todos – você é que precisa encontrar o que lhe é mais conveniente e favorável.
- Conhecer sua verdadeira condição financeira e econômica é imprescindível para tomar qualquer decisão! Claro que, de preferência, ter esses dados ANTES de decidir, senão a coisa complica, certo? Se esta recomendação parecer óbvia a alguns, relembro que, no geral, a confusão anda à solta nesta área: tem gente que não sabe se o valor do próprio salário, que toma como base para fazer suas operações, é o líquido ou o bruto – sim, a pessoa fica na dúvida quando questionada e, atenção, isso não quer dizer que ela seja burra, não. Já vimos que podemos distorcer os dados que percebemos, em função das pressões emocionais que nossa mente sofre. Ao tratar de um assunto delicado e, em muitos casos, desagradável, já que a maior parte das pessoas gostaria de receber muito mais do que chega a cada final do mês, deixa de causar espanto tais confusões acontecerem. Outro ponto complicado é a diferença entre gastos regulares e gastos extras, estes últimos não são gastos variáveis, são aqueles que chegam inesperadamente – na verdade, a única coisa que não é inesperada sobre eles é que eles chegam!, seja sob a forma de remédios, conserto do carro, cano estourado em casa, novos impostos, passeio dos filhos na escola e tantos outros itens que nos inundam a cada semana. É importante ter essas informações porque já vimos a força que as chamadas "contas mentais" exercem sobre nossas frágeis mentes carregadas de desejo... Se pelo menos soubermos com clareza os números exatos de nossas contas teremos menos espaço para 'viajar' – e embarcar – na tentação das "contas mentais".

- Outro problema é a dificuldade de pôr tudo no papel – organizar seu orçamento concretamente, com a ajuda de papel, lápis, computador ou calculadora, não importa como, mas que você tenha como saber com quanto pode contar a cada mês, quanto já está comprometido, quais são as expectativas de ganhos e gastos futuros etc. Como dissemos acima, quanto mais conhecimento concreto você tiver sobre sua situação econômica, mais poderá se precaver contra as armadilhas que nossa percepção limitada tentará nos pregar. Muita gente foge desse procedimento como o diabo da cruz – sente que, se puser tudo no papel, vai chegar à alarmante conclusão de que está insolvente, não tem como pagar todas as suas despesas, sua vida está inviável! Preciso admitir que, em alguns casos, talvez seja mais prudente adiar o encontro, neste tom, com a realidade, será necessário pesar com cuidado os custos e os benefícios: se você pode entrar em pânico ao ver que está em apuro bravo, pode ser mais conveniente não forçar a barra naquela hora, porque aqui o mais importante é você manter sua cabeça funcionando – e já vimos que o pânico é péssimo conselheiro. Portanto, dependendo das circunstâncias, externas e internas, algumas pessoas podem precisar "guardar todas as contas na gaveta", como relatou alguém, durante um período, tendo o cuidado de separar aquelas realmente inadiáveis e que terão que ser pagas (para não perder o seguro-saúde, o imóvel ou veículo, por exemplo), até ser capaz de lidar com toda aquela difícil situação, o que, inclusive, pode requerer ir à luta em busca de renegociação de algumas dívidas etc.
- Mais uma vez, a recomendação de sempre: não há receita única boa para todos, você terá que descobrir qual é o melhor caminho para você; às vezes, o melhor caminho, no sentido de guardar maior proximidade com a realidade, é justamente aceitar sua precariedade naquele momento e agir dentro de suas verdadeiras possibilidades. Assim, sobre a administração do orçamento, mais especificamente:
- Rever cada gasto regular pode surpreender – e ajudar a fechar as contas no fim do mês. Por exemplo, será que você precisa mesmo de três assinaturas de jornal? Cinco seguros de vida diferentes? A mensalidade do clube que nunca frequenta? E tantos outros gastos fixos que, faz tempo, deixaram de fazer sentido ou, no mínimo, não

são essenciais, caso você precise apertar o cinto agora. Como sempre, o negócio é examinar se, neste momento, estes pagamentos refletem suas necessidades e sua realidade – e aguentar alterar a rotina, se ela estiver puxada demais no faz de conta...

- Em situações de gasto excessivo e/ou endividamento, lembre-se do que foi dito sobre o desembolso de dinheiro na hora de comprar – a gente detesta ver, de perto, que está gastando dinheiro e prefere, sempre que possível, separar uma coisa da outra, isto é, ter só o prazer da compra e manter afastada da consciência a ideia de que terá que pagar por ela, daí a facilidade de uso de cartões de crédito ou cheque pré-datado. Portanto, você pode usar esse conhecimento a seu favor e decidir, usando de autoridade com você mesmo, se necessário, que durante um determinado período está PROIBIDO(A) de usar cartão ou cheque, só dinheiro, no máximo cartão de débito, que logo indica se seu dinheiro não está mais disponível (ao contrário do cartão de crédito, que vai até o limite contratado, virtual demais em muitos casos e, se usado e não for pago no prazo, significa que você pagará juros por ele). Depois dessa experiência você poderá verificar se fez diferença e se lhe convém voltar a utilizar o "dinheiro de plástico" ou os cheques pré-datados.

- Um bom exercício, sem dúvida mais viável nestes tempos de inflação muito mais baixa[2], é separar, concretamente, assim que recebe seus ganhos, aqueles destinados às contas que deverão ser pagas e que não estão em débito automático no banco, como gasolina, supermercado, pagamentos de serviços (empregada doméstica, terapia, academia etc.). Vale guardar cada montante em envelopes separados, até a data em que deverão ser utilizados; e para não ficar em "síndrome

---

[2] Bons tempos aqueles em que a inflação estava baixa, desde o Plano Real, em 1994. Infelizmente, em cenários turbulentos e em meio à tanta incerteza, os preços tendem a subir, e o panorama muda de figura. Que tristeza!

de abstinência"[3], caso seja muito adepto(a) a gastar, separe também um valor para gastos livres, que serão "livres" até aquela quantia terminar. A ideia, claro, é estabelecer tetos para seus gastos, no lugar de soltar de vez – e se arrepender depois.

- Se você já tem condição de poupar, parabéns! Algumas pessoas encontram maior facilidade para guardar dinheiro se estabelecerem alguma meta, algum objetivo em curto, médio ou longo prazo, dependendo de sua *capacidade de adiar gratificação*, como vimos. Pode ser para a próxima viagem, o carro para o filho, a casa própria; seja como for, a experiência, em si já vale a pena pelo que representa em termos de autoconhecimento também – você poder verificar, ao vivo, que consegue se organizar e abrir mão de despesas desnecessárias em nome do prazer maior, embora não imediato, de realizar um projeto no futuro. Perceber que é capaz de atravessar a falta aumenta a confiança em você mesmo(a).

- Perguntar sempre é apontar para o bom caminho – em muitas situações que envolvem aspectos econômicos não é raro nos sentirmos intimidados. O assunto ainda é tabu para a maioria das pessoas, que se sente pouco à vontade para saber exatamente quais são as condições do negócio ou da situação sobre a qual precisa escolher: bancos, financeiras, imobiliárias, lojas chiques e outros locais dessa categoria costumam exercer pressão que não é apenas externa ou deliberada, da parte deles, mas também repercutem dentro de nós, com as nossas fragilidades, fazendo com que nos sintamos ainda menores e mais desamparados – paciência, a situação conspira contra a nossa capacidade para pensar e, consequentemente, contra o nosso bolso, mas se pelo menos soubermos em que tipo de enrascada nos encontramos, talvez fique mais fácil recuperar a condição para tomar a situação em

---

[3] *Síndrome de abstinência* é o termo usado para quem está se recuperando do uso de substâncias que causam dependência – e compras compulsivas podem se encaixar neste padrão, ao lado de jogar ou comer demais –, daí o cuidado com esta fase, pois algumas pessoas reagem ao rigor exagerado de modo também exagerado, ou seja, se a restrição a gastar for absoluta, podem ter um "ataque" de compras, por exemplo, e o esforço de semanas pode ir por água abaixo em poucas horas; por isso é essencial balizar as medidas de acordo com a realidade, como sempre – aqui, a realidade de sua condição para adotar e seguir medidas como essas.

nossas mãos, em vez de permanecer como um joguete, sem voz ativa. É bom perguntar tudo que não se entende, tirar todas as dúvidas, saber onde está pisando; e se aquela instituição ou aquela pessoa não for capaz de informar com precisão e de forma completa, devemos ir atrás de quem possa fazer isso. Lembre-se: é na falta de informação que floresce a possibilidade de equivocar-se![4]

- Trocar ideias com pessoas de sua confiança também ajuda a enxergar pontos que possam lhe passar despercebidos, ou saber sobre experiências semelhantes, de outras pessoas, que vão ajudá-lo(a) a escolher com mais segurança – quanto mais pontos de vista você tiver sobre a situação, mais condições para definir qual seria o melhor caminho.

- Esta vem do também Nobel, Herbert Simon: substituir a meta de *decisões ótimas* por *decisões suficientemente satisfatórias*[5]; substituir metas abstratas e globais por submetas mais concretas e, se necessário, mais modestas também, mas cujo alcance possa ser observado e medido. Para decisões mais complexas, como aquelas tomadas no âmbito de uma organização, dividir o processo decisório entre

---

[4] No tempo da inflação alta e dos inúmeros planos de governo que mudavam tudo muitas vezes ao ano, a gente brincava que a última pessoa a perguntar como as novas regras operavam costumava ser o gerente do banco... Na ausência de regras claras e consistentes no tempo, e na desconfortável posição de ter que atender a dois "senhores" – a instituição para a qual trabalham e o cliente – muitas vezes sentiam-se, eles próprios, tão perdidos quanto todos e, em outros casos, acabavam confundindo os clientes na tentativa de manter o "seu" lado. Mesmo hoje em dia temos exemplos desse tipo de conduta: esta semana, num banco, ouvi a seguinte explicação de uma gerente a uma cliente idosa que lhe perguntava se deveria usar cartão de crédito e se teria encargos a pagar caso o fizesse: "não, a senhora pode usar à vontade; não tem nenhuma taxa, não; é vantagem porque o banco dá 30 dias para pagar a fatura". Quando a senhora insistiu, se de fato não pagaria nada por isso, a gerente explicou que os juros eram de 12% (!) ao mês, em caso de atraso – mas nenhuma palavra foi dita sobre a anuidade do cartão, por exemplo, embora a cliente, provavelmente, estivesse tentando perguntar sobre isso. Como não utilizou o termo exato, a funcionária também não "encompridou" o assunto... Quando se lê a seção Seus direitos no jornal, vemos tantos casos semelhantes – pessoas que acreditaram no pedacinho de informação que lhes foi fornecido e entraram pelo cano, só vindo a se dar conta do tamanho da encrenca depois de pagar algumas mensalidades ou coisa que o valha, por algum produto que sequer queriam, para começo de conversa (caso de cartões de crédito de lojas, assinaturas de revistas etc.).

[5] Em inglês, o termo que ele usa é *satisficing*.

diversos especialistas, coordenando seu trabalho por meio de uma estrutura de comunicação e relações de autoridade (na verdade, pode-se adotar este modelo em situações mais corriqueiras também, como as decisões domésticas, que envolvem vários membros da família, ou um condomínio e outras).

- Observar, observar e observar: manter-se atento, sempre, a tudo que se relaciona à situação que você tem que encaminhar, a você mesmo frente a ela, a como outras pessoas se posicionam e, até mesmo, a elementos que sequer parecem fazer parte da história mas, por alguma razão, chamaram a sua atenção. Esse exercício de disciplina também pode ser muito prazeroso, no sentido de descobrir, em você e na vida, possibilidades que poderiam lhe passar despercebidas; e observação é um passo essencial, quando nos lembramos da importância da percepção para o processo decisório – e para pensar, de um modo geral –, se os bons resultados dependem de como os dados são captados, como deixar de enfatizar a importância da *observação*?

- Manter o foco no longo prazo: qualquer que seja a decisão a tomar, será útil considerar todos os fatores além do que aparece de imediato; e isso vale para todas as situações, isto é, se você se habituar a reunir dados sobre suas decisões econômicas, de um modo geral, com o tempo acabará por reunir um precioso acervo de informações que poderá dispor nas próximas oportunidades. Para isso, vale registrar esse conhecimento de modo a ter condição de recorrer a ele quando necessário – é o famoso *diário de bordo*, como gosto de chamar e que veremos a seguir.

- Sou super fã desta ferramenta – ela dá um pouquinho de trabalho, mas, como tudo na vida, sem algum esforço, não anda... O *diário de bordo* é o seguinte: você registra tudo que se referir às suas decisões econômicas (ou também, quando o foco não é esse, vale para muitas circunstâncias, como a evolução da vida profissional, por exemplo), desde o início do processo. Quais são as alternativas, o que você sabe sobre cada uma delas, o que não sabe também, as informações que ainda precisa reunir, aquilo que não terá como saber, então precisará fazer uma estimativa a respeito e, ao mesmo tempo, tudo que for passando por sua cabeça enquanto pensa sobre o assunto – imagens, lembranças, sentimentos, cenas que cruzam a mente subitamente, sensações corporais, sonhos, desejos, todo tipo de associação – sim, é meio parecido com o método psicanalítico, porque, sim, foi nele que me inspirei (embora venha utilizando, também, nos trabalhos de *coaching*, individual e consultoria coletiva, como *workshops* e programas de intervenção psicoeconômica, além de supervisão de projetos e treinamento de treinadores – e verifico que pode funcionar nessas condições também). Assim como ocorre numa análise, a ideia é que você possa alcançar mais pensamentos do que se fosse pela via tradicional, de tentar fazer sentido usando unicamente o raciocínio tradicional, lógico e conhecido; ao contrário, se você puder deixar que as ideias lhe ocorram livremente, sem censurar logo de cara, porque não parece fazer sentido ou está muito fora do que você supõe que deva ser, pode se surpreender com os caminhos inusitados que sua mente pode tomar – e alguns deles podem levar você a ângulos diferentes dos habituais também, aumentando a possibilidade de tomar decisões mais acertadas. Tem gente que prefere anotar, num caderno, à mão ou em um palmtop; outros lançam tudo no Excel, programa de computador que oferece planilhas – neste caso, sugiro que não se restrinja apenas aos números, mas inclua também este outro tipo de conteúdo, aquilo que você pensa e sente sobre aqueles números; outros gostam de gravar e, agora, temos vários aparelhos que oferecem esse recurso, como celulares, mp3 etc.; há também quem prefira manter o registro consigo a toda hora, para quando surgir a ideia; enquanto outros gostam de tirar um momento do dia para se dedicar a esse pequeno balanço ou, ainda, usar esse recurso apenas em determinados períodos; o formato não importa tanto – o ponto é encontrar seu modo de fazer esses registros, de forma a poder utilizá-los mais tarde, obtendo um quadro mais completo de por onde você circula, externa e internamente. Ou seja, fazer um mapeamento das funções mentais, ao vivo, quando se encontra diante de ter que escolher.

- Evitar as estradas mentais batidas – estou me referindo aos modos repetitivos como muitas vezes analisamos as situações, os hábitos mentais que mantemos, apesar de se mostrarem tão pouco produtivos. Às vezes, por uma espécie de preguiça, tomamos a via mais cômoda para examinar uma questão, pegamos emprestado ideias de outra pessoa, ou o que lemos no jornal, vimos na televisão, ouvimos no rádio, sem fazer nenhuma outra ponderação àquele respeito, como se não fosse preciso verificar se aquelas primeiras "ideias" que surgem na mente são adequadas ao nosso caso naquele momento. Outras vezes, o medo de tentar olhar por outros ângulos – e não saber, de antemão, o que vamos realmente enxergar – pode nos manter sempre na mesma trilha, embora isso não esteja nos trazendo bons resultados. Como vimos a respeito do funcionamento mental de acordo com o princípio do prazer, a primeira solução que tendemos a buscar é aquela que reduzir primeiro e mais rapidamente a tensão que estamos sentindo no momento – essa é a grande estrada batida que percorremos! – embora seja vital, até no sentido literal, que se procure meios para transformar, na realidade (e não só no plano da ilusão ou da imaginação), o que está nos incomodando. Para isso, temos que usar recursos psíquicos mais sofisticados, que nos permitirão deixar a estrada batida e, muitas vezes, abrir nosso próprio e original caminho. Isso é vital porque, conforme constatamos, são os impulsos de vida que nos levam a buscar soluções mais complexas, porém mais criativas e que ajudam a nos manter vivos por mais tempo, ao passo que são os impulsos de morte que, em última instância, nos pressionam a encontrar as saídas aparentemente mais fáceis que, contudo, têm como objetivo primordial apenas descarregar a tensão, sem modificar nada de fato; ou seja, seu alvo é reduzir a tensão, se possível, ao nível zero, que é aquele que só atingimos quando morremos.

- A criação familiar ou as influências culturais também desempenham um papel importante nas escolhas que fazemos, por isso pode ocorrer de não nos reconhecermos em nossas ações e escolhas, de nos arrependermos depois, nos espantarmos com o modo como procedemos, como se não estivesse em nós fazer tudo aquilo – a força dessas influências, em especial quando foram transmitidas bem cedo na vida e permanecem desconhecidas para a própria pessoa, isto é, quando ficam em seu inconsciente, pode se manifestar ao longo de toda a vida e a qualquer momento; para piorar, se não foram influências de boa qualidade, por assim dizer, podem aparecer justamente nos momentos em que mais precisaríamos refletir com cuidado – e, bem naquela hora, vem o jeito atrapalhado do pai de fazer negócios, por exemplo, ou aquela mania estabanada da mãe, de se esquecer de pagar as contas, ou qualquer outro estilo indesejável para a pessoa, àquela altura de sua vida. Não é só para testar sua paciência, não, mas nos momentos de maior estresse é que podem surgir os modos mais arraigados de funcionar, mesmo que a gente não goste deles; como uma espécie de "medida preventiva". É bom tentar identificar esses padrões familiares, ou culturais, para não ser tão surpreendido por eles – e ter mais clareza das verdadeiras opções que se pode ter naquela determinada situação, ou seja, acreditar que não se é obrigado(a) a agir deste ou daquele modo só porque a família inteira sempre fez aquilo!

- À medida que se acostuma a acompanhar os caminhos percorridos pela própria atividade de pensar e escolher, torna-se um pouco mais fácil distinguir entre os tipos de coisa que ficam na própria cabeça – na verdade, não pensamos de forma útil e criativa o tempo todo, pelo contrário, só de vez em quando que aparecem ideias bacanas mesmo, daquelas em que dá para confiar, os chamados *insights*, cliques que temos em alguns momentos e que nos ajudam a clarear bastante certos pontos em que estávamos empacados antes. Para dizer a verdade, é uma das coisas mais difíceis de fazer: separar o joio do trigo dentro da própria cabeça, e também no que diz respeito ao que se percebe fora de nós. Em outras palavras, diferenciar o que é real do que não é real, do que é imaginação, viagem, ilusão, martelação, bobajada, atormentação sem sentido. Essa distinção é crucial, porque ilusão não enche barriga. Uma coisa que pode facilitar um pouco a saber o que é o quê é uma espécie de disciplina no sentido de não se entreter, a maior parte do tempo, com atividades mentais que seriam o equivalente daqueles salgadinhos – sabe aqueles que parecem feitos de isopor e que não têm praticamente nenhum valor nutritivo, que só servem para baixar a ansiedade e dar falsa sensação de saciedade? Então, na nossa mente, é como se tivéssemos alguns conteúdos dessa natureza também, "ideias de isopor" que, muito diferentes das verdadeiras ideias, não servem para muita coisa, só para entreter, impedir a sensação de vazio e, mais uma vez, baixar a tensão. Alguns exemplos: tudo que eu teria feito naquela hora que o fulano me deixou com a cara no chão, mas que não me ocorreu no momento – e dá-lhe passar o filminho na cabeça de como teria sido o máximo dar a maior esnobada no sujeito etc.; como eu gostaria de ser a Gisele Bündchen, loira, 1,80m etc., quando sou oriental e baixinha; como vou começar um regime e a frequentar a academia na próxima segunda-feira – isso jurado a cada sexta-feira, sem que jamais venha a acontecer; e sobre o nosso tema no livro: estou devendo os tubos, então vou ficar aqui imaginando o que eu faria se ganhasse sozinho na Mega-Sena – e dá-lhe, de novo, fazer planos, longos e minuciosos, sobre o destino de cada centavo daqueles R$50 milhões, em vez de tentar dar conta dos problemas urgentes que estão me afligindo agora. Meu negócio não deu certo porque não me preparei adequadamente para tocá-lo mas, no lugar de agir para consertar isso, fico atacando o meu pai, que não me avisou de que era roubada; minha mulher, que ficou insistindo para eu deixar o antigo emprego e agora, olha no que deu, o governo, que só atrapalha a gente; o calor, que tira o ânimo de trabalhar etc., e não movo um dedo na direção de verificar o que, de fato, pode ter dado errado para não voltar a cometer os mesmos equívocos. Compro ações e imediatamente começo a imaginar que maravilhoso será quando eu virar milionário, entro em euforia durante alguns dias saboreando os lucros que virão e, quando um daqueles frequentes sobressaltos da Bolsa faz o valor despencar – às vezes apenas por algumas horas, ou dias, mas suficiente para já me lançar no estado de espírito oposto – e, assim como antes eu havia subido como um foguete com a expectativa dos lucros, agora mergulho rápido no fundo do poço e só enxergo desgraças à frente, ou seja, nas duas situações perdi o contato com a realidade e fiquei me alimentando de salgadinhos que fazem mal à saúde. Pensar de verdade seria uma outra coisa: só acontece quando existe espaço mental para abrigar o pensamento, não rola em cabeça lotada de "entulho", como chamamos.

- Portanto, aguentar não saber, aguentar não ver tudo de imediato ou não ter soluções para tudo seria uma condição especialmente importante para conseguir alcançar a capacidade de captar pensamentos que pudessem nos indicar as melhores alternativas, as perspectivas mais favoráveis, o modo mais saudável de encaminhar situações desprazerosas de maneira a transformá-las em fontes de gratificação e crescimento – ficar no vazio, que é uma coisa que a maior parte das pessoas abomina, revela-se essencial para poder pensar.
- Remover o entulho mental e ficar no vazio oferece, também, terreno propício para que surjam intuições – aqueles clarões que ocasionalmente nos iluminam –, permitindo que a gente enxergue de modo mais rápido e preciso o caminho a seguir. O problema costuma ser: como saber que a intuição está correta? Em outras palavras, como saber que é uma intuição, e não uma tolice qualquer que pinta na cabeça? Vai ser mais fácil distinguir uma coisa da outra se houver aquele hábito de reconhecer os conteúdos mentais que possuem vínculos com a realidade daqueles outros que têm função de salgadinho de isopor. Isso ao lado de, mais uma vez, observar no longo prazo como as coisas evoluem. O diário de bordo, aqui, é muito útil: registra hoje, e lá na frente confere se saiu como se supôs no início.
- Pensar de verdade costuma ter o mérito de permitir que se veja ângulos antes insuspeitados – a gente nem imagina, muitas vezes, que aquela situação possa ser vista ou pensada de outras maneiras, e fica teimando, martelando, batendo a cabeça, dando murro em ponta de faca, insistindo no velho modo de usar... Mas é esse o grande pulo do gato: "tornar proveitoso um mau negócio", como chamou Bion[6], referindo-se ao que pode acontecer quando duas pessoas se encontram (há sempre um forte impacto emocional num encontro, então pode-se fazer de conta que não houve nada, varrer para baixo do tapete, ou tentar encarar a situação e aproveitar para se desenvolver a partir das exigências que lidar com a realidade nos impõem), transformar a situação em outra, ao examiná-la por meio de novas perspectivas

---

[6] BION, Wilfred. [1979] Making the Best of a Bad Job. In: BION, Wilfred Ruprecht. Clinical Seminars and Four Papers. Abingdon: Fleetwood Press, 1987.

e, assim, quem sabe, encontrar saídas que permaneciam invisíveis até então.

- Com mercados de investimentos mais complexos, torna-se necessário também refinar os conhecimentos para investir, já que as taxas de retorno estão, atualmente, menores do que há alguns anos. Neste sentido, detalhes ganham maior importância, pois farão mais diferença no fim das contas – e estar atento ao seu próprio modo de examinar e escolher alternativas pode ser um desses detalhes.

- Nem sempre interessa delimitar de antemão o campo de possibilidades e ângulos de análise de uma questão – um psicanalista já disse que "ninguém vai tão longe quanto aquele que não sabe aonde está indo…" – o que nos faz pensar no preço que pagamos, e nos prejuízos, quando funcionamos de modo rígido e inflexível; dá um certo medo ousar, mas é bom verificar se, ao manter seu modo atual de operar, você já não está ousando e correndo riscos no mau sentido – e pior, sem dar-se conta disso!

- Além de todas as escorregadas que podemos dar por conta própria, vivemos, hoje, uma época de transições tão rápidas e profundas que, muitas vezes, chegam a transformar as próprias estruturas de nosso ambiente. O exemplo que já virou clássico é o 11 de setembro de 2001 – depois daquela manhã, o mundo nunca mais foi o mesmo. Por isso, é bom acrescentar uma última dica: não se esqueça de que tudo é provisório e estamos por um triz! Em meio a tantas incertezas, quando não se sabe mais onde seria seguro guardar seu pé-de-meia, por exemplo, seu ativo mais precioso talvez seja sua própria mente – ela não pode ser confiscada como a poupança no tempo do Collor, não derrete com o aquecimento global, não vira pó com a inflação ou com os *crashes* das bolsas.

Se você puder desenvolver sua capacidade para pensar terá mais chance de voltar a se posicionar em caso de necessidade. Como vimos, sua cabeça pode aprontar com você, e, ao mesmo tempo, é seu maior bem, se você puder – e escolher – cuidar dela no sentido de permitir que se desenvolva.

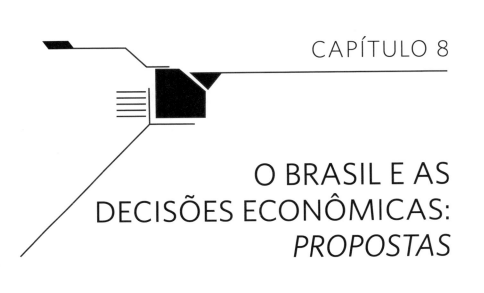

CAPÍTULO 8

O BRASIL E AS DECISÕES ECONÔMICAS: *PROPOSTAS*

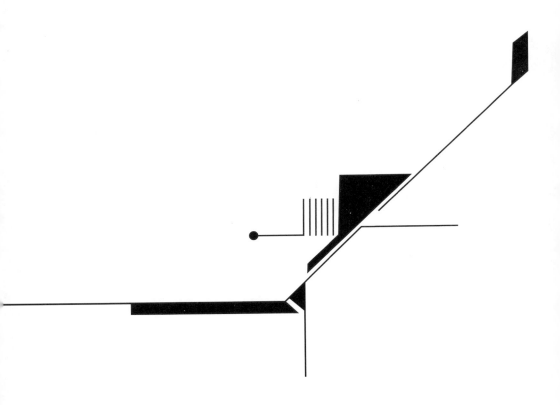

O BRASIL E AS DECISÕES ECONÔMICAS: *PROPOSTAS*

O que precisa ser feito para que uma "janela de oportunidade", como esta representada pelo interesse mundial pelo etanol que produzimos, possa, efetivamente, concretizar-se sob a forma de crescimento real para o país? Não parece ser suficiente somente acreditar que "pronto, agora estamos feitos! Os gringos querem, nós temos, nossos problemas acabaram." Para não virar uma solução na linha das *Organizações Tabajara*, do ótimo *Casseta & Planeta*, a situação precisará ser pensada, planejada e administrada com todo o cuidado do mundo. Serão necessários estudos tão completos quanto possível sobre o impacto no meio ambiente (em 2007, essa questão deixou de ser encarada como "firulas de eco-chatos", por sua inegável ameaça à própria sobrevivência da humanidade!), sobre as outras culturas voltadas para alimentação e outros fins (não vamos poder nos alimentar só de cana e de açúcar, certo?), além de todo o uso da água, reflexos das queimadas sobre o ar, desmatamento criminoso para dar lugar a novos pastos, enquanto os antigos dão lugar a novos canaviais etc.[1]; a situação ocupacional e social dos trabalhadores naquela lavoura, que terá implicações para os municípios vizinhos que abrigam essas populações; todo o ramo dos transportes: por onde a produção vai escoar? Estradas e portos estão adequados a esta nova demanda, que promete

---

[1] A este respeito, estudos feitos por especialistas indicam que 70% da umidade do Sudeste do Brasil vem da Amazônia. Se o seu desmatamento continuar, uma das decorrências é esta região correr o risco de se tornar desértica, por reflexo.

ser crescente? Há preocupação com ferrovias e hidrovias, e todas as implicações decorrentes? Pesquisas sobre genética e aperfeiçoamento tecnológico desta área estão recebendo financiamento suficiente? Como estão sendo conduzidas as negociações com os países que pretendem importar o produto? E muitas outras considerações que poderiam ser feitas em torno deste tema. Se o Papai Noel não existe, parece que o negócio fica mesmo por nossa conta. Isto é, cada um desses elementos terá que ser examinado com cautela e precisão, se queremos que este projeto dê certo.[2]

Não há dúvidas de que uma receita polpuda seja extremamente bem-vinda para todos! Mas ela não virá apenas porque esse é o desejo de todos nós. A execução bem-sucedida deste projeto implica muito trabalho – e defendo que o conhecimento sobre o funcionamento mental poderia ser útil para agregar dados sobre cada uma de suas etapas.

Infelizmente, exemplos de gestão 'viciada', resultado de décadas ou séculos de péssimos hábitos de administração pública, travada pela burocracia, corrupção e descrença de que outro cenário seria possível não nos faltam no Brasil. Retomando o grave problema representado pela disseminação do crédito consignado, não fica muito mais caro começar a pensar sobre como geri-lo *depois* de lançá-lo, quando tanto estrago já foi feito no bolso dos mais vulneráveis – como sempre acontece, lamentavelmente… –, que são os aposentados e pensionistas de baixa renda, do que teria sido gasto com estudos *preliminares* sobre como informar a população acerca de seu uso mais apropriado? Ou quando lemos a notícia de que os Jogos Pan-Americanos, no Rio de Janeiro, deverão custar mais de sete vezes o orçamento previsto, não seria o caso de indagar como o orçamento original foi feito e por que ele pulou dessa forma, quais as origens de tamanho equívoco etc.? Especialmente se o país já está se candidatando para sediar a Copa de 2014

---

[2] Se em 2007 a situação na Amazônia já era crítica, o que dizer em 2022? Tragédia é pouco, muito pouco… E, para piorar, não apenas nessa região, que é essencial à vida em nosso país e no mundo todo, mas também no Cerrado e outras regiões do Brasil, que vêm sendo devastadas de forma sistemática, irresponsável e, possivelmente, irreversível. Está aí mais um exemplo do dramático viés do presente. Tendemos, sempre, a buscar gratificação imediata, em detrimento às consequências futuras, mesmo que isso implique risco a nossa própria sobrevivência. Haja miopia psicológica!

– antes mesmo de procurar aprender com a experiência de 2007! Olha aí o risco de prejuízo[3]...

Exemplos de problemas dessa natureza são abundantes. E aguardam encaminhamento e solução. Ouvi, certo dia, uma dessas ideias que são geniais por sua simplicidade e, no entanto, podem representar diferenças quase vitais na vida das pessoas. É o caso de uma rádio do município de Chapada dos Guimarães, no Mato Grosso, que instituiu um programa pelo qual avisa aos cidadãos sobre questões relativas à Justiça. Informa e alerta, e dessa forma ajuda o pessoal a defender seus direitos e, também, a cuidar de seu bolso, poupando-os de gastos desnecessários com pernadas à toa, porque o processo não está pronto, o horário de atendimento não é aquele e essas coisas todas da burocracia brava que tanto atrapalha nossa vida. Mas quando se tem uma ideia como essa, rica em simplicidade e uso eficiente de recursos, num projeto de baixo custo e alta consideração pelos munícipes, quanto se ganha em resultados que fazem enorme diferença na vida de muita gente!

São iniciativas desse tipo que poderiam se multiplicar pelo país, incluindo também nosso tema específico, das decisões econômicas.

Conhecer é poder. Gostaria muito que esse lema pudesse ser aplicado ao nosso caso – a proposta deste livro segue nesta linha: ampliar seu universo de conhecimento sobre as decisões econômicas que toma ou virá a tomar. A ênfase ficou sobre os aspectos psicológicos, cognitivos e emocionais, isto é, sobre os processos que permitem que você conheça, pelo lado de "dentro", por assim dizer, que é o lado de como sua cabeça funciona, as situações que precisa enfrentar quando tem que escolher frente a situações econômicas, e se dê conta de como você as transforma, às vezes chegando até a distorcê-las. Vimos, em especial, como os fatores emocionais têm um papel importante em tudo isso, não podendo jamais ser dissociados do processo todo.

É desse modo que gosto de pensar na possibilidade destas áreas – Psicologia Econômica e Psicanálise – contribuírem para o desenvolvimento do nosso país em geral. Eu explico: parto da suposição de que, quanto mais cada um e

---

[3] Infelizmente, não deu outra – houve gasto excessivo, não apenas com a Copa de 2014 mas também com as Olimpíadas de 2016, que geraram enorme entusiasmo (e otimismo exagerado) no início, e acabaram deixando um rastro de endividamento, equipamentos ociosos, oportunidades para corrupção etc.

a população como um todo puderem saber sobre como tomam suas decisões, aumentam as chances destas decisões serem melhor analisadas, ponderadas e, enfim, realizadas. Inclusive, mesmo no caso de haver algum equívoco – afinal, ninguém é de ferro! –, se a experiência puder ser pensada, ainda existe a possibilidade de conseguir aprender com os erros. Porque chato mesmo é seguir errando sempre, sem se dar conta disso ou sem enxergar uma maneira de modificar esta triste situação.

Vai daí que imagino o seguinte cenário: cidadãos mais conscientes do que fazem com seu dinheiro e outros recursos, atentos às inúmeras pressões que sofremos no sentido de cair nas tantas ciladas que vimos, poderão tomar conta não apenas de seu próprio bolso, mas também terão melhores condições de pensar a respeito das questões econômicas em geral, do país todo e, quem sabe, ao entender melhor o que está se passando, consigam não entrar em pânico com tanta facilidade, o que acaba resultando em prejuízos (por exemplo, na Bolsa, nas propostas de acordos, nas questões ambientais e em tantas outras), proteger melhor tudo que diz respeito a gastos excessivos e desnecessários ou golpes prejudiciais, saber filtrar as informações e, assim, "vacinar-se" contra perdas que poderiam ser evitadas.

Estendo isso ao âmbito público: cidadãos atentos e melhor informados, que têm condições de se apropriar e se responsabilizar por suas decisões econômicas, teriam mais facilidade de contribuir, propondo, exigindo e reclamando, quando fosse o caso, também em relação àquilo que os governos fazem com a economia e as finanças.

A coisa poderia acontecer em mão dupla. É evidente que os governos, nos três níveis (federal, estadual e municipal) têm um papel importantíssimo a cumprir: depois de se dar conta do lugar essencial que a dinâmica psicológica ocupa em nossos processos de percepção, avaliação e tomada de decisão, o que, infelizmente, ainda não chegou a acontecer para valer (mas temos a firme esperança de que venha a se tornar um fato num futuro próximo), os dados reunidos pelas disciplinas que estudam o comportamento psíquico e econômico poderiam passar a ser incorporados nas análises e formulação de políticas públicas voltadas para este âmbito.

Na Nova Zelândia, o governo solicitou uma contribuição a essa área de pesquisa e o renomado economista psicológico Peter Earl preparou um interessante relatório indicando de que modo estes conhecimentos poderiam ajudar a avançar diferentes medidas. Na Holanda, o Banco Central propôs uma parceria a psicólogos econômicos. Nos EUA, esses programas de pesquisa vêm recebendo somas crescentes de financiamento também. Em outras palavras, já se farejou que a coisa pode dar samba.

Torcemos para que o Brasil não precise esperar seus costumeiros cinco a quinze anos para aderir a movimentos que já se consagraram em outros países. Dá até vontade de sonhar que pudéssemos sair na frente de outros emergentes e incluir essas contribuições em diversos níveis da agenda de discussão de políticas públicas. De forma ampla, isso poderia vir sob a forma do que denomino de *Programa de esclarecimento da população a respeito do funcionamento da Economia em geral, bem como de seu próprio comportamento econômico, ou seja, seu funcionamento mental*.

Trata-se de uma proposta interdisciplinar – além de economistas, psicólogos, psicanalistas e demais integrantes das disciplinas que estudam o comportamento econômico, deveriam participar desse debate sociólogos, antropólogos, cientistas políticos, administradores, assistentes sociais, pedagogos, historiadores, biólogos, especialistas em meio ambiente, recursos humanos, comunicação, propaganda e marketing, jornalismo (econômico, em especial), teoria da informação, análise do discurso, advogados, para que as medidas pudessem ter a consistência requerida para integrar políticas públicas, no âmbito do governo, e ações na sociedade civil, tanto em organizações do setor privado, como não governamentais.

Minha hipótese é que, também na dimensão coletiva, da população como um todo, informações e consciência – no sentido de *conscientização* – podem contribuir para melhores encaminhamentos das questões econômicas gerais.

Um esboço de pauta nessa direção poderia incluir:

1. Fornecimento de análises de dados relevantes para complementar a elaboração e implementação de políticas públicas, como o estudo de novas diretrizes, informações econômicas, previsão de tendências (que envolvem pesquisas sobre confiança, expectativas etc.), elaboração e implementação de orçamento, tanto no sentido amplo, como nos diferentes setores específicos no âmbito do governo;

2. Treinamento de funcionários públicos a respeito do trabalho mais eficiente com recursos econômicos (dinheiro público, meio ambiente, tempo e outros, como as próprias finanças pessoais, também dentro da concepção de que, se fizer sentido para si, talvez facilite estender para seu trabalho), tanto no sentido de transparência, como para evitar desperdícios – é duro mudar hábitos antigos, mas se não se começar, daí que não vai mudar nunca mesmo! Esse enfoque poderia ser adotado, por exemplo, por municípios pequenos, mais fáceis de gerenciar, como planos pilotos que poderiam auxiliar na posterior adoção por níveis mais amplos e complexos do setor público;

3. Aprofundamento dos estudos sobre os benefícios concedidos pelo governo à população de baixa renda, como o Bolsa Família[4], por exemplo, que poderia ser aperfeiçoado com vistas à sustentabilidade no longo prazo, por parte de quem os recebe;

4. Estudos e assessoria a trabalhos de proteção ao cidadão com relação ao uso de crédito, ao consumo excessivo, à importância da poupança, à tributação, aos pequenos empreendedores, aos desempregados, ao combate ao desperdício;

5. Programas públicos voltados especificamente ao crescente problema do endividamento de diferentes estratos da população;

6. O mesmo conceito, dedicado à preparação para aposentadoria, desde cedo, incluindo informações sobre previdência pública e privada;

7. Diálogo com a sociologia econômica, em particular no que se refere aos estudos sobre vida financeira das populações mais pobres, área denominada

---

[4] Recentemente o programa foi extinto, sem que estudos sólidos – ou qualquer estudo que fosse – sustentassem as mudanças propostas. Resta-nos acompanhar os desdobramentos da nova política pública e torcer (MUITO, no caso), para que ela não resulte em agravamento da já lastimável situação de pobreza, insegurança alimentar e desigualdade que assola o país. Isso para não falar em corrupção...

microfinanças, que inclui, por exemplo, o microcrédito, que se tornou mais conhecido a partir da experiência do Banco do Povo, em Bangladesh, mas que já existe, em pequena escala, no Brasil também, precisando ser ampliado e acompanhado de perto;

8. Apoio a projetos de economia solidária;

9. Inclusão de educação econômica, que abrange o aspecto financeiro e, também, as demais categorias de recursos finitos, junto com esclarecimentos sobre tomada de decisão, a partir do vértice psíquico exposto neste livro, em todos os níveis de escolaridade, com treinamento de professores para assumir esse encargo, bem como em organizações privadas e instituições públicas, com a ajuda de multiplicadores devidamente treinados;

10. Contribuição, por meio de dados investigados pelas disciplinas da interface Psicologia-Economia, mais a Psicanálise, às instituições voltadas a operações financeiras, como bancos, financeiras, Bolsa de Valores e outras, com o objetivo de tornar mais transparente a sua utilização por parte do público.

Não seria o máximo ajudar, concretamente, o nosso país avançar, por meio de uma ampliação do conhecimento sobre como nos comportamos dentro da economia, percebemos, avaliamos, escolhemos e tomamos nossas decisões? Ter dados sobre todos esses processos conforme se dão de fato – e não, como se supõe apenas, ou sem sequer pensar muito sobre como a coisa toda vai se passar, soltando medidas econômicas sem ter clareza suficiente a respeito de como a população reagirá a elas, deixando de considerar o cenário completo da economia e optando por privilegiar ora um pedaço, ora outro, ignorando a íntima inter-relação que costura tudo – seria uma evolução considerável. Claro que tudo isso passa pela dimensão política, mas a população, junto com os políticos sérios, pode exercer pressão nesse sentido. E a gente tem que começar de algum lugar, como já vimos.

CAPÍTULO 9

PORQUE NÃO DARIA PARA TER ESCRITO ESTE LIVRO ANTES DE 1994 (*OU, PELO MENOS, TERIA SIDO MUITO DIFÍCIL...*)

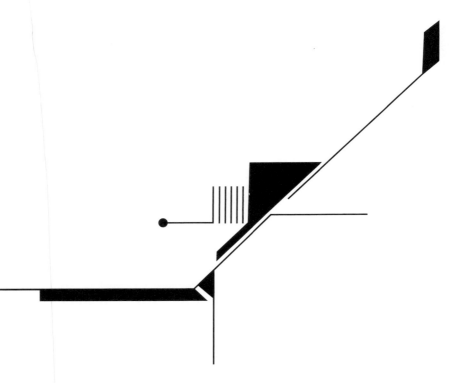

PORQUE NÃO DARIA PARA TER ESCRITO ESTE LIVRO ANTES DE 1994 (OU, PELO MENOS, TERIA SIDO MUITO DIFÍCIL...)

É bom lembrar que, de um certo ponto de vista, vivemos um período muito mais favorável a uma proposta deste tipo, que pretende contribuir para o esclarecimento sobre decisões econômicas – e mesmo à elaboração deste livro – em relação ao que tivemos mais de uma década atrás. Desde os anos 1970, vivemos uma inflação sufocante, que virou absurda a partir de 1985, quando começaram a ser desenhados planos, muitas vezes mirabolantes mas, no geral, lamentavelmente inócuos para controlar os altos índices inflacionários. Foi em 1994, no governo Fernando Henrique Cardoso, que foi instituído o Plano Real, que teve o mérito de, finalmente, dar cabo daquela barbaridade. Desde então, temos tido uma economia mais estabilizada do ponto de vista monetário – embora não seja nenhum mar de rosas, infelizmente.

Mas para quem não tinha nascido ainda, ou não se lembra mais, vale rememorar: chegamos a ter 80% de inflação ao mês nos piores momentos! Também tivemos cinco moedas diferentes em oito anos – alguém se lembra de *cruzeiro, cruzado, cruzado novo, cruzeiro real*, ou só do atual *real*? Já das filas nos postos de gasolina em véspera de aumento de preços anunciado, ou da corrida, literal, no supermercado para alcançar as mercadorias antes do remarcador, o funcionário que percorria as gôndolas, incessantemente, com sua temível maquininha de etiquetar os produtos com os novos preços que, muitas vezes, subiam até diariamente, e do gostinho de encontrar duas latas (duas!) de leite condensado esquecidas no fundo da prateleira com o "preço velho" – isso, quem viveu aquela época, dificilmente se esquece.

Inflação alta daquele jeito atrapalha demais a vida, mesmo que, na hora, nem todo mundo perceba isso. Atrapalha porque dissolve a malha dos contratos entre pessoas e firmas, entre cidadãos e governos, as fronteiras entre realidade e ilusão. Um autor, Ricardo Henriques, que é professor de Economia, descreve a década de 1980 (que muitos denominam *década perdida)*, como tendo tido "oito programas de estabilização econômica, 15 políticas salariais, 54 alterações de sistemas de controle de preços, 18 mudanças de políticas cambiais, 21 propostas de renegociação da dívida externa, 11 índices inflacionários diferentes, cinco congelamentos de preços e salários e 18 determinações presidenciais para cortes drásticos nos gastos públicos"[1]. Como um país pode dar conta de viver num cenário como esse?

Quando o trem da inflação parou, em 1994, claro que houve vários descarrilamentos. Muita gente tinha se habituado tanto ao regime da inflação que havia se esquecido de como administrar suas finanças e seus negócios fora dele. Sim, porque acabava sendo mais fácil – olha o fator da aparente facilidade imediata aí outra vez! – simplesmente receber uma mercadoria, pela qual se tinha pago x, esperar alguns dias, remarcá-la para x + 30% e pronto!, já se tinha algum lucro. Com as finanças pessoais, idem – põe o dinheiro na poupança, que era, então, remunerada por índices relativamente próximos à inflação, dando a impressão de que o dinheiro aumentava, quase que dava cria dentro do banco, quando, na verdade, ele simplesmente não desvalorizava completamente – embora não fosse fácil comprar determinados produtos com o dinheiro "atualizado" ou "corrigido", como se chamava a correção monetária, porque muitos bens subiam muito mais do que o dinheiro crescia na poupança. De todo modo, a sensação era de não precisar fazer muita coisa, já que tinha tanto dinheiro na roda. Por outro lado, aquela dinheirama toda deixava de ter qualquer valor da noite para o dia, quando a moeda mudava – e é fato, muitas notas e moedinhas acabavam, literalmente

---

[1] HENRIQUES, Ricardo. Economia em tempos sombrios: inflação, ordem e violência. In VIEIRA, José R. Et. al. (org.) *Na corda bamba – doze estudos sobre a inflação.* Rio de Janeiro: Relume-Dumará, 49-62, 1993, p. 58.

no lixo. Bastava esquecer num bolso alguns meses ou semanas para aquilo virar papel ou metal sem valor.

Com tanta instabilidade, mudanças abruptas e sentimento generalizado de que as regras não valiam de nada, seria difícil tentar refinar os conhecimentos sobre os processos de escolha, como estamos fazendo aqui. Avaliar e julgar perspectivas era para quem tinha bola de cristal, e ninguém se atrevia a formular previsões consistentes ou planejar em médio prazo. De repente, podia mudar tudo, o dinheiro ficar retido, aluguéis e salários congelados, impostos sobre combustíveis ou qualquer outra medida meio estapafúrdia podia ser tomada e pegava todo mundo de calças curtas.

É por essa razão que faz mais sentido examinar em profundidade como decidimos, num cenário de relativa estabilidade, quando somos efetivamente capazes de exercer esse poder de escolha, dentro dos limites da possibilidade, é claro. Para quem não viveu o período de inflação alta fica a sugestão: cuidado para não deixar o "dragão", como era chamado, ressuscitar! Ele não é "do bem" e, como sempre acontece, faz estragos consideráveis, em especial para quem tem pouco dinheiro e fica mais vulnerável ao seu poder destrutivo. Por exemplo, quem não tinha conta em banco naquela época via seu dinheiro virar fumaça em poucos dias, sem poder fazer nada. Para impedir essa desvalorização galopante, só restava uma alternativa: comprar alguma coisa. Esse alto consumo dava a ilusão de haver crescimento econômico – infelizmente, não passou de ilusão. E é mais uma conta que temos que pagar, ao lado de tantas outras que já nos sobrecarregam.

NOTA: Aproveitando o assunto, vejam aí outro exemplo de como podemos ser dominados pela força do hábito: naquela época, fazia sentido estocar alguns produtos, já que podia acontecer de "sumir" de circulação, por conta de congelamentos de preços e, claro, porque custariam muito mais dentro de pouco tempo. Ao lado disso, não havia exigências, então, de incluir a data de validade nos produtos – isso não significa que eles não estragavam, é óbvio, mas dava a impressão de que podíamos nos *abster desse conhecimento*, digamos assim, e consumir produtos vencidos sem perceber claramente ou sem dar tanta bola para isso.

Bom, quando a inflação foi dominada e, quase ao mesmo tempo, foi instituída a obrigatoriedade de constar a data de validade, toda a concepção de fazer estoque teria que ser mudada também. De um lado, não era mais necessário proteger-se de aumentos diários, portanto, o planejamento das compras podia obedecer a outras regras. De outro, estocar produtos que deveriam ser jogados fora, caso sua validade expirasse antes de serem utilizados, passava a ser *antieconômico*. Na teoria, ou escrito assim, e você lendo calmamente e, talvez, concordando com a lógica da coisa, tudo bem, sem problemas. Mas levante a mão quem nunca acabou cedendo à tentação de acumular um monte de produtos e, no fim das contas, jogou vários fora? Ou seja, para tentar economizar, acabou gastando à toa, desperdiçando recursos, ocupando espaço etc.

Muitos de nós continuamos com essa "mania" – me incluo nessa categoria, tenho que admitir, fazer o quê? –, até porque, do ponto de vista psíquico pode-se também entender essa tendência a acumular, sentir uma espécie de segurança ou conforto ao pensar que está com a despensa cheia, "tá tudo dominado" e outros comportamentos nessa linha. Em outras palavras, nossos comportamentos econômicos – além de todos os outros – não são exatamente racionais. E resistem muito a qualquer tentativa de modificação que vá somente pela lógica. Não tem jeito: tem que cair a ficha, senão não muda!

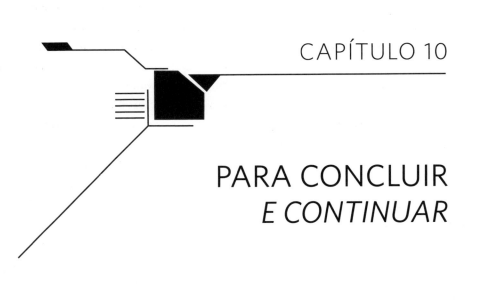

CAPÍTULO 10

PARA CONCLUIR
E CONTINUAR

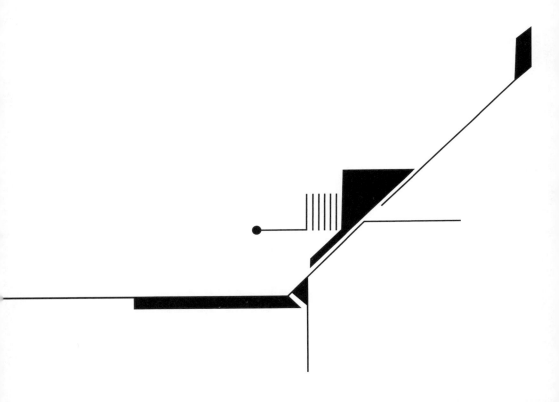

PARA CONCLUIR
E CONTINUAR

Bom, o livro vai terminar. Você, provavelmente, não ficou rico porque o leu. Nem se tornou um ser humano perfeito, infalível, à prova de qualquer engano. Não tem ninguém assim, você já sabe disso, não é? Mesmo que, volta e meia, dê aquela vontade de acreditar em gurus ou fórmulas mágicas.

De verdade, de verdade, ninguém tem a receita para ganhar dinheiro – apesar do número crescente de livros que prometem revelar este segredo, por exemplo. Mas parece que já interessaria saber um pouco sobre algumas ciladas que podem contribuir para *perder* dinheiro...

Se, ao longo destas páginas, você pôde ter alguma ideia sobre como tomar decisões econômicas mais favoráveis, se surgiu algum pequeno *insight* em sua mente, o objetivo terá sido alcançado. E eu espero que isso tenha acontecido. Mesmo sabendo que essa coisa toda de ampliar o campo mental, aumentar o conhecimento, rever estratégias que não estão funcionando bem, cair alguma ficha e tudo o mais, costuma acontecer, muitas vezes, na base do conta-gotas. Isto é, aos poucos vamos nos habituando a tomar certos cuidados, desenvolvemos uma espécie de disciplina em relação aos nossos hábitos mentais, tão difíceis de mudar. Em especial, quando se trata de decisões mais sérias.

A questão é que não tive a intenção de ensinar, propriamente, a "pensar certo" ou qualquer coisa nesse sentido. Até porque isso não existe. A única possibilidade é cada um observar e analisar, com tanto cuidado quanto for possível, as próprias condições, internas, e tudo aquilo que o(a) cerca, para poder escolher melhor seus caminhos.

Por outro lado, entrar em contato com alguns dos alertas que foram discutidos aqui pode contribuir para que não se perca dinheiro desnecessariamente ou, no mínimo, para que, ao flagrar-se na posição de escolhas infelizes, você possa, a partir destas experiências, pensadas à luz do que leu neste livro, encontrar modos para aprender a evitar novas situações desfavoráveis. Melhor ainda será se as possibilidades de ganhar aumentarem. Mas como você viu, vai sempre depender muito de você, de como sua própria mente puder se relacionar com as situações, dos esforços que você empreender para se livrar das sereias das ilusões.

Por falar nisso, vale lembrar um ponto fundamental: economia é sempre relações entre pessoas, mesmo que não pareça, à primeira vista. E é por isso que há tantas vulnerabilidades – e também, chances para negociar, para reverter transações desastrosas, para destacar-se, para descobrir caminhos criativos, para aprender. Tudo isso fica mais evidente quando você está comprando ou vendendo algum produto diante de outro indivíduo. Já quando está num caixa eletrônico, digitando seus dados e fazendo operações com a máquina, fica menos claro. De todo modo, houve alguém que preparou a programação do caixa eletrônico, para que você pudesse relacionar-se com ele, certo? E por isso ele pode parecer mais fácil para alguns e quase ininteligível para outros. Aliás, quando temos que usar o caixa eletrônico de um banco que não é o nosso, em geral, temos um pouco de dificuldade, pois não estamos habituados àquela disposição de informações – o que pode gerar insegurança e desconforto, por exemplo. E ainda com relação ao caixa eletrônico, a fragilidade humana também aparece ali, em todas as possibilidades de golpes que ladrões tentam aplicar nos incautos. Tanto é assim que atualmente aparecem mensagens na tela do tipo "não aceite ajuda de estranhos", que não existiam até pouco tempo atrás. Ou seja, mesmo quando é mediada pela eletrônica, ainda estamos falando sempre de relações humanas.

Isso vale igualmente para programas sofisticados, dedicados à análise de investimentos, que podem dar a sensação de estarem acima do bem e do mal, aparentando ser exames objetivos, isentos, imparciais, quase perfeitos das condições do mercado, estimativas de valor, probabilidades estatísticas etc. Jamais poderão, contudo, negar sua origem – são feitos por pessoas. Portanto, correm o risco de carregar os mesmos vieses de percepção e avaliação, tão propícios aos erros sistemáticos, que qualquer um de nós manifesta no varejo dos investimentos individuais. Isso significa, diga-se de passagem, que seus programadores também poderiam beneficiar-se desse tipo de conhecimento, a ser incluído nos programas.

Não adianta. Não tem como – a Economia é estruturada pelas pessoas, logo, carregará, irremediavelmente, essa marca humana. Para o bem e para o mal.

Assim, se só conseguimos perceber dentro daquilo que já conhecemos e enxergar aquilo que "combina" com nossas crenças. Batalhar para ter mais sucesso econômico passa por identificar melhor o que já se conhece, inclusive verificando se está adequado ou não, e em que se acredita. É a história de expandir o campo mental, de forma a nele caberem novas ideias, de preferência, mais apropriadas, conforme o caso, já que as situações não se repetem de forma idêntica – só o nosso jeito de encará-las é que pode ser sempre o mesmo...

Se sofremos tantas pressões externas para consumirmos mais, para nos deixarmos levar por nossos desejos mais imediatos, para acreditarmos que a solução de nossos problemas pode caber dentro da caixa de um produto, numa passagem de avião ou seja lá no que for, o que vem super a calhar para nossa arquitetura psíquica recheada de vulnerabilidade, limitação e fragilidade, penso ser preciso tornar essa luta menos desigual. Isso significa dar a você oportunidades para aprimorar a sua consciência sobre como funciona internamente, tal como tentei fazer neste livro. Como resultado, você talvez passe a conceber e enxergar mais opções, saindo de tantos sufocos que as situações que envolvem decisões econômicas costumam representar para nós.

Só ler sobre esse assunto pode não ser suficiente para impulsionar mudanças consistentes em seu modo de tomar decisões. Por isso, agora a bola está com você. Lembra do diário de bordo? Então, ele pode ser seu aliado daqui em diante: se sabemos que as pessoas, em geral, não detectam os vieses em seus próprios julgamentos sobre probabilidade, talvez seja possível aprender se suas avaliações estão bem calibradas externamente ou não, observando a proporção de eventos que realmente ocorrem, dentre aqueles que se previu em circunstâncias equivalentes. Essa prática pode ajudá-lo a identificar seus pontos fracos, as ciladas mais costumeiras, as heurísticas e as regras de decisão que utiliza rotineiramente, permitindo compor, aos poucos, um perfil mais claro para você mesmo frente ao que tem que escolher, sejam investimentos, poupança, endividamento, negociação e todos os outros elementos que compõem sua vida econômica.

Dá trabalho cuidar dessa forma da sua vida econômica? Claro que dá! Mas essa também será uma opção que você terá que fazer – se procura responsabilizar-se plenamente pelo que escolhe e faz, ou se se deixa levar como uma casca de noz ao sabor das ondas no oceano.

Se decidir tomar suas decisões em suas mãos, até o ponto em que isso é possível (porque muitas variáveis estão fora de nosso controle, seja no longo prazo, seja para sempre, como o próprio acaso, por exemplo), vai ter que ralar, sim. Fazer o quê? Não temos outro jeito, pelo menos enquanto o Papai Noel não chegar. De todo modo, acho que não poderei ser acusada de propaganda enganosa – em nenhum momento prometi outra coisa a você, leitor.

Ao mesmo tempo, penso nesta via aqui proposta como um caminho de emancipação e crescimento pessoal e coletivo – afinal, você é o maior interessado em sua vida, certo? Portanto, deveria lutar para ter as melhores condições para cuidar tão bem dela quanto possível. Nesse sentido, não valeria a pena abrir mão da condição para examinar suas próprias alternativas, ponderando sobre os fatos que observa e aprende. Deixar de usar a própria cabeça (tanto no que diz respeito aos seus conhecimentos como ao modo de conviver com as emoções que lhes são inseparáveis) e outras ferramentas para coleta e análise de informações, faz mal para o bolso e para a sua vida em geral.

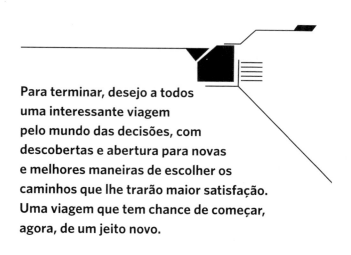

Para terminar, desejo a todos uma interessante viagem pelo mundo das decisões, com descobertas e abertura para novas e melhores maneiras de escolher os caminhos que lhe trarão maior satisfação. Uma viagem que tem chance de começar, agora, de um jeito novo.

PARA SABER MAIS

Livros de Vera Rita de Mello Ferreira:

- Decisões Econômicas: Você Já Parou Para Pensar?
- A Cabeça Do Investidor

Sites:

- VÉRTICE PSI – Instituto de Psicologia Econômica e Ciências Comportamentais – http://www.verticepsi.com.br/
- https://cursosverticepsi.com.br/
- IAREP – International Association for Research in Economic Psychology – https://www.iarep.org/

YouTube:

- Canal Pílulas de Psicologia Economica – https://www.youtube.com/channel/UCE9sl7nYkHXKBlSUpvOujDA/featured

Instagram

- @psicologiaeconomica

REFERÊNCIAS

AINSLIE, George. Précis of Breakdown of Will. *Behavioral and Brain Sciences*, nº 28, p. 635 –673, 2005.

ALBOU, Paul. Initiation à la psychologie économique. *Bulletin de Psychologie*, vol. 16, p. 1-81, 1962.

ALVES, Deocleciano B. Agir, Alucinar, Sonhar. In FRANCA, M.O.A. (Org.). Acervo Psicanalítico/Sociedade Brasileira de Psicanálise de São Paulo, *Bion em São Paulo – "Ressonâncias"*. São Paulo: Imprensa Oficial do Estado, 1997.

BARRACHO, Carlos. *Lições de Psicologia Econômica*. Lisboa, Instituto Piaget, 2001.

BELK, Russell. Money. In EARL, Peter e KEMP, Simon (Eds.). *The Elgar Companion to Consumer Psychology and Economic Psychology*. Cheltenham, Reino Unido: Edward Elgar, 1999.

BION, Wilfred. [1957] Ataques ao elo de ligação. In E. SPILLIUS (ed.) *Melanie Klein Hoje – desenvolvimentos da teoria e da técnica*. Vol. 1. Rio de Janeiro: Imago, 1991. Trad. Belinda Mandelbaum.

_____. [1961] A Theory of Thinking. In _____. (Org.) *Second Thoughts – Selected Papers on Psychoanalysis*, Londres: William Heinemann Medical Books Limited, 1967.

_____. [1962] *Learning from experience*. Londres: Maresfield Reprints, 1984.

_____. [1963] *Elements of Psycho-Analysis*. Londres: Maresfield Reprints, 1984.

_____. [1965] *Transformations*. Londres: William Heinemann Medical Books Limited, 1965.

_____. [1970] *Atenção e Interpretação – uma aproximação científica à compreensão interna na psicanálise e nos grupos*. Rio de Janeiro: Imago, 1973. Trad. Carlos H. Affonso.

_____. [1979] Making the Best of a Bad Job. *Clinical Seminars and Four Papers*. Abingdon: Fleetwood Press, 1987.

_____. *Cogitations*. Londres: Karnac Books, 1992.

BLEGER, José. *Psico-higiene e Psicologia Institucional*. Porto Alegre: Artes Médicas, 1984. Trad. Emilia O. Diehl.

CAMERER, Colin; LOEWENSTEIN, George; PRELEC, Drazen. Neuroeconomics: how neuroscience can inform economics. *Journal of Economic Literature*, vol. XLIII, p. 9-64, 2005.

DESCOUVIÈRES, Carlos. *Psicología Económica – temas escogidos*. Santiago de Chile: Editorial Universitária, 1998.

EARL, Peter. Economics and Psychology: A Survey. *The Economic Journal*, nº 100 (402), p. 718-755, 1990.

_____. Economics and Psychology in the 21st Century. Congresso *Economics for the Future*, organizado pelo Cambridge Journal of Economics. Reino Unido, 2003.

_____. Behavioral Economics and the Economics of Regulation. *Briefing paper prepared for the New Zealand Ministry of Economic Development*, 2005 (relatório original cedido pelo autor em versão eletrônica).

EARL, Peter E.; PENG, Ti-Ching; POTTS, Jason. Decision-rule cascades and the dynamics of speculative bubbles. *Journal of Economic Psychology*.

EARL, Peter; KEMP, Simon (Eds.). *The Elgar Companion to Consumer Psychology and Economic Psychology*. Cheltenham, Reino Unido: Edward Elgar, 1999.

EVA, Antonio C.; VILARDO, Roberto; KUBO, Yutako. Realidade Psíquica, Realidade Interna, Realidade Subjetiva. In FRANÇA, M.O.A.; GONÇALVES, S.M. (Org.) *Fórum de Psicanálise – Sociedade Brasileira de Psicanálise de São Paulo*. Rio de Janeiro: Editora 34, 1995.

FERREIRA, Vera Rita de Mello. *O Componente emocional – funcionamento mental e ilusão à luz das transformações econômicas no Brasil desde 1985*. Rio de Janeiro: Papel e Virtual, 2000.

_____. Ilusão e informação: podemos contribuir para aumentar o conhecimento sobre a conjuntura econômica? *Pré-Encontro de Psicologia e Economia – fronteiras, convergências, dilemas*. São Paulo, agosto de 2002.

_____. Again, what is it that you believe? – a study of psychological factors at work over the market throughout major political-economic events. *XXVIII International Association for Research in Economic Psychology Annual Colloquium*. Christchurch, Nova Zelândia: 2003.

_____. Psicanálise e Psicologia Econômica: a possibilidade de um diálogo. *Pulsional – Revista de Psicanálise*, nº 18 (181), p. 24-32, 2005.

_____. Informação Econômica e Ilusão – uma contribuição psicanalítica ao estudo de fenômenos econômicos. *Revista Ágora - Estudos em Teoria Psicanalítica*, v. 10, nº 1, 2007.

_____. *Psicologia Econômica: origens, modelos, propostas*. Tese (Doutorado em Psicologia Social). São Paulo: PUC-SP, 2007. Disponível em <http://www.verticepsi.com.br/textos.php?id=tese&i=1&l=1>. Acesso em 19 nov. 2021.

FREUD, Sigmund. [1895-1950] Projeto para uma psicologia científica. *Obras Psicológicas Completas de Sigmund Freud*. Vol. 1. Rio de Janeiro, Imago, 1976. Trad. Jayme Salomão.

_____ [1899] Lembranças encobridoras. Op. cit. Vol. 3.

_____ [1900] A interpretação dos sonhos. Op. cit. Vol. 4 e 5.

_____ [1908] Caráter e erotismo anal. Op. cit. Vol. 9.

_____ [1911] Formulações sobre os dois princípios do funcionamento mental. Op. cit. Vol.12.

_____ [1915a] O Inconsciente. Op. cit. Vol. 14.

_____ [1915b] A Repressão. Op. cit. Vol. 14.

_____ [1915c] Os instintos e suas vicissitudes. Op. cit. Vol. 14.

_____ [1920] Além do princípio do prazer. Op. cit. Vol. 18.

_____ [1921] Psicologia de grupo e a análise do ego. Op. cit. Vol. 18.

_____ [1927] O Futuro de uma Ilusão. Op. cit. Vol. 21.

_____ [1930] O mal-estar na civilização. Op. cit. Vol. 21.

_____ [1933/4] A Questão de uma Weltanschauung. Op. cit. Vol. 22.

GIANETTI, Eduardo. *O valor do amanhã – ensaio sobre a natureza dos juros*. São Paulo: Companhia das Letras, 2005.

GIGERENZER, Gerd. I think, therefore I err. *Social Research*, nº 72, p. 195-218, 2005.

GIMENES, Felix. Psicanálise: evolução e ruptura. In França, M.O.A. (Org.). Op. cit.

HEIMANN, Paula. Certas funções da introjeção e da projeção no início da infância. In Klein, M.; Heimann, P.; Isaacs, S.; Riviere, J. *Os progressos da psicanálise*. Zahar: Rio de Janeiro, 1982. 3ª ed. Trad. Álvaro Cabral.

_____. Notas sobre a Teoria dos Instintos de Vida e de Morte. Op. cit.

HENRIQUES, Ricardo. Economia em tempos sombrios: inflação, ordem e violência. In VIEIRA, José Ribas et. Al. (Orgs.) *Na corda bamba – doze estudos sobre a inflação*. Rio de Janeiro: Relume-Dumará, 1993, p. 49-62.

KAHNEMAN, Daniel; TVERSKY, Amos. Prospect Theory: an analysis of decision under risk. *Econometrica*, nº 47 (2), 1979.

KAHNEMAN, Daniel. Experienced Utility and Objective Happiness: a Moment-Based Approach. In Kahneman; D.; Tversky, A. (eds.) *Choices, values and frames*. New York: Cambridge University Press; Russell Sage Foundation, 2000.

_____. Maps of bounded rationality: a perspective on intuitive judgment and choice. *Prize lecture – Nobel Prize*, Dec.8th, 2002. Disponível em <https://www.nobelprize.org/uploads/2018/06/kahnemann-lecture.pdf>. Acesso em 19 nov. 2021.

KATONA, George. *Psychological Economics*. New York: Elsevier, 1975.

KINDLEBERGER, Charles. *Manias, pânicos e crashes – um histórico das crises financeiras*. Rio de Janeiro: Nova Fronteira, 2000. Trad. Vânia Conde e Viviane Castanho.

KLEIN, Melanie. [1930] A importância da formação de símbolos no desenvolvimento do ego. In _____. (Org.). *Contribuições à Psicanálise*. São Paulo: Mestre Jou, 1981. Trad. Miguel Maillet.

_____. [1957] Inveja e Gratidão – um estudo das fontes do inconsciente. Rio de Janeiro: Imago, 1974. Trad. José Octavio A. Abreu.

_____. [1963] Nosso Mundo Adulto e suas Raízes na Infância. In _____. (Org.) *O sentimento de solidão – nosso mundo adulto e outros ensaios*. Rio de Janeiro: Imago, 1985. Trad. Paulo D. Corrêa.

LEA, Stephen E.G.; TARPY, Roger M.; WEBLEY, Paul. *The individual in the economy*. Cambridge: Cambridge University Press, 1987.

LEA, Stephen E.G. Making money out of psychology: Can we predict economic behaviour? Palestra proferida na *Annual Conference, British Psychological Society*. Winchester, Reino Unido, 2000.

LEWIS, Alan; WEBLEY, Paul; FURNHAM, Adrian. *The New Economic Mind – the social psychology of economic behaviour*. London: Harvester/Wheatsheaf, 1995.

LONGMAN, José. O objeto psicanalítico. In: Sandler, P. (Org.). *Ensaios clínicos em psicanálise*. Rio de Janeiro: Imago, 1997.

LUNDBERG, Gustav. Made sense and remembered sense: sensemaking through abduction. *Journal of Economic Psychology*, nº 21 (6), p. 691-709, 2000.

MACFADYEN, Alan J.; MacFADYEN, Heather W. (Eds.). [1986] *Economic Psychology – intersections in theory and application*. Amsterdam: Elsevier Science Publishing. 1990.

MILANEZ, Daniel Yabe. Finanças Comportamentais no Brasil. Dissertação (Mestrado em Economia. São Paulo: Universidade de São Paulo, 2003. Disponível em: <http://www.teses.usp.br/teses/disponiveis/12/12140/tde-09022004-130012/> Acesso em 19 nov. 2021.

O'DONOGHUE, Ted; RABIN, Matthew. The Economics of immediate gratification. *Journal of Behavioral Decision Making*, nº13 (2), p. 233-250, 2000.

PHILIPS, Frank. *Psicanálise do desconhecido*. São Paulo: Editora 34, 1997.

REYNAUD, Pierre-Louis. *A Psicologia Econômica*. São Paulo: Difusão Europeia do Livro, 1967. Trad. Djalma Forjaz Neto.

REZZE, Cecil. Um paradoxo vital: ódio e respeito à realidade psíquica. In Sociedade Brasileira de Psicanálise de São Paulo (Org.). *Perturbador Mundo Novo*. São Paulo: Escuta, 1994.

SHAFIR, Eldar; THALER, Richard. Invest now, drink later, spend never: on the mental accounting of delayed consumption. *Journal of Economic Psychology*, nº 27 (5), p. 694-712, 2006.

SHILLER, Robert. *Exuberância irracional*. São Paulo: Makron Books, 2000. Trad. M. Lucia Rosa.

SIMON, Herbert A. Rational decision-making in business organizations. Nobel Memorial Lecture (1978). *Economic Science*, p. 343-371, 1978. Disponível em: <https://www.nobelprize.org/uploads/2018/06/simon-lecture.pdf>. Acesso em 19 nov. 2021.

TVERSKY, Amos; KAHNEMAN, Daniel. Judgment under uncertainty: heuristics and biases. *Science*, nº 185, p. 1124-1131, 1974.

VIEIRA, José Ribas et al. (Org.) *Na corda bamba – doze estudos sobre a inflação*. Rio de Janeiro: Relume-Dumará, 1993.

WEBLEY, Paul et al. *The Economic Psychology of Everyday Life*. Hove: Psychology Press, 2001.

ÍNDICE

A

abdução do raciocínio 74
acaso 136
　concepções errôneas sobre o acaso 77
Amos Tversky 11, 72, 80, 82, 96, 101
ancoragem 52, 73–74
anomalias 90
ansiedade 110
anulação 53–54
armadilhas 13–14, 40, 49, 79, 103
atitudes 13, 43, 80
autoboicote 6
aversão à perda 72

B

bolha da NASDAQ 75
bolha imobiliária 56
Bolsa Família 122
burocracia 118–119

C

cair a ficha 6, 37, 49, 130, 133
cartão de crédito 5, 61, 68, 79, 104, 106
censura 53, 92–93, 95
chamar à razão 91

Chapada dos Guimarães 119
citação
　Amos Tversky 11, 72, 80, 82, 96, 101
　Daniel Kahneman 11, 56, 72, 80, 82, 96, 101
　Danilo Fariello 54
　Fernando Henrique Cardoso 127
　Gabriel Tarde 11
　George Ainslie 51
　Herbert Simon 11, 106
　Ivan Lessa 78
　Laplanche e Pontalis 53
　Otto Fenichel 53
　Peter Earl 120
　Ricardo Henriques 128
　Richard Thaler 60
　Robert Shiller 55
　Sigmund Freud 13, 96
　Wilfred Bion 112
commodities 78
comportamento de manada 58
comportamento de risco 72
condição "se-então" 76
confiança excessiva 52–53, 73–74, 83
contas mentais 60–61, 64, 66, 80, 102
　contas mentais com ressurreição do valor 69

conto do vigário 57, 59, 94
corrupção 118–119, 122
crédito consignado 12, 85, 118
crenças 13, 27, 43, 73, 91, 101, 135
curto prazo 62, 89, 105

D

Daniel Kahneman 11, 56, 72, 80, 82, 96, 101
Danilo Fariello 54
decisão 10, 11, 38, 89
  regras de decisão 76
  tomar decisões 44
decisões econômicas vii, 6, 12–13, 20, 37, 42–43, 45, 49, 64, 75, 83, 85–86, 89–90, 93, 107, 119–120, 127, 133, 135
desconto hiperbólico subjetivo 51, 61, 80
desejos 2, 11, 23, 27, 30, 33, 43, 61–62, 65, 67, 72, 77–78, 83, 85, 91, 93–97, 107, 108, 118, 135–136
  força do desejo 78
  lei do nosso desejo 92
diário de bordo 107, 112, 135
dica 76, 101, 113
dissonância cognitiva 50, 74, 81

E

Economia 2, 9, 11, 43, 56, 72, 90–91, 121, 123, 128, 135, 141–143
edição e avaliação 96
efeito de ancoragem 52
efeito posse 73–74
emoções 13, 19–20, 26, 29, 37, 60, 85, 90–93, 136
  peso emocional 63
  poder das emoções sobre a razão 83
endividamento 61, 85, 104, 119, 122, 136
escolha intertemporal 60–61, 80
escolhas 1, 10, 14, 44, 49, 66, 68, 79, 89–90, 109, 134
  escolha intertemporal 60, 65
esforço 1–2, 6, 62, 67, 94, 105, 107
estradas batidas 41, 108
etapas mentais 38
eventos incertos 82
expectativas 13, 39, 43, 103, 121
experiências 6, 23, 33, 40, 49, 56–57, 66, 106, 134
experiências prazerosas 56

F

fatores culturais 68
fatores econômicos 97
Fernando Henrique Cardoso 127
finanças 9, 11, 43, 71, 143
framing 80–81
frustração 11, 39, 42, 62, 96–97
  tolerância à frustração 40–41

G

Gabriel Tarde 11
gastos variáveis 102
George Ainslie 51
golpe 17, 19, 54–55, 58–59, 95
gratificação 39, 41, 44, 51, 94, 96, 105, 112, 118
  adiar a gratificação 62

H

hábitos 29, 43, 44, 108, 118, 122
  hábitos mentais 133
Herbert Simon 11, 106
heurísticas 13, 96–97, 101, 135
homem econômico 91

I

IAREP vii, 137
ilusões 11, 30, 37, 39–40, 44–45, 54, 55, 71, 78, 83, 85, 94, 109–110, 128–129, 134, 140

imparcialidade 44
impulso 5, 14, 42
impulsos
    impulsos instintivos 25
inconsciente 28, 31, 57, 59, 74, 95, 98,
    109, 142
indecisão 6
inflação 2, 43, 79, 104, 106, 113,
    127–129, 142, 144
informações irrelevantes 66
insensibilidade ao tamanho da amostra
    78
insights 3, 15, 29, 86, 110, 133
instabilidade 129
investimento 42, 52, 54, 70–71, 75–76,
    81, 94
irracional 19, 55, 144
Ivan Lessa 78

J

juros 5, 42–43, 50, 60–61, 63, 69, 79, 81,
    85, 89, 104, 106, 142

L

lado emocional 11, 13
lado lógico 29
Laplanche e Pontalis 53
lapsos 92
Lembranças encobridoras 57
lógica 28, 37, 66, 73, 130
longo prazo 62, 75, 80, 89, 105, 107, 112,
    122, 136

M

marcação a mercado 81
matemática de Alice no País das Maravilhas 62
memória curta 78
microfinanças 123
miopia psicológica 51, 118
musculação psíquica 40, 44

N

necessidade 23, 43, 93, 113
negação 70

O

observação 107
Otto Fenichel 53

P

percepção
    percepção e consciência parciais 70
    percepção limitada 103
    transformação das percepções 58
perda 72–73, 82
peso emocional x peso financeiro 63
Peter Earl 120
pirâmide 55, 76
Plano Real 127
políticas econômicas 6, 12–13, 43
prejuízos 14, 79, 82, 113, 120
princípio do prazer 83, 96, 109, 141
probabilidades 81–82
processo decisório 96
projeções 28
Psicanálise vii, 13, 43, 53–55, 61, 67, 90,
    119, 123, 139–143
Psicologia Econômica 11–12, 43, 55, 61,
    80, 90, 96, 119, 137, 139, 141, 143

R

racional 6, 20, 29, 37, 49, 77, 84
razão x ilusão 40
realidade 91
    níveis de realidade 90
    realidade alternativa 38
    realidade econômica 43
recursos escassos 1, 5
recursos finitos 1, 9–10, 83, 123
recursos naturais 1, 9–10
regras de bolso 13, 96, 97
regras de decisão 75–76

repetição 58
retribuição 68
Ricardo Henriques 128
Richard Thaler 60
Robert Shiller 55

S

satisfação 41, 51, 84, 94, 136
  adiar a satisfação 61
  falta de satisfação 96
seguro 42, 62, 82–83, 86, 103
Sigmund Freud 13, 96
síndrome de abstinência 104
sonhos 28, 43, 94–95, 108, 141

T

tabu 68, 105
tempo 1–2, 6, 9–11, 28, 32, 39–40, 43, 50–51, 67, 83, 84, 102, 122
teste de realidade 38

U

última impressão
  poder da 56

V

valor
  ressurreição do valor 69
  valor histórico 66
  valor simbólico dos presentes 67–68
vieses 13, 82, 97, 101, 134, 135
visão parcial 70
vulnerabilidade 11, 44, 52, 80–81, 89, 94, 135

W

Wilfred Bion 112

Projetos corporativos e edições personalizadas
dentro da sua estratégia de negócio. Já pensou nisso?

Coordenação de Eventos
Viviane Paiva
viviane@altabooks.com.br

Contato Comercial
vendas.corporativas@altabooks.com.br

A Alta Books tem criado experiências incríveis no meio corporativo. Com a crescente implementação da educação corporativa nas empresas, o livro entra como uma importante fonte de conhecimento. Com atendimento personalizado, conseguimos identificar as principais necessidades, e criar uma seleção de livros que podem ser utilizados de diversas maneiras, como por exemplo, para fortalecer relacionamento com suas equipes/ seus clientes. Você já utilizou o livro para alguma ação estratégica na sua empresa?

Entre em contato com nosso time para entender melhor as possibilidades de personalização e incentivo ao desenvolvimento pessoal e profissional.

PUBLIQUE SEU LIVRO

Publique seu livro com a Alta Books. Para mais informações envie um e-mail para: autoria@altabooks.com.br

/altabooks   /alta-books   /altabooks   /altabooks

CONHEÇA OUTROS LIVROS DA **ALTA BOOKS**

Todas as imagens são meramente ilustrativas.

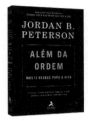 

Este livro foi impresso nas oficinas gráficas da Editora Vozes Ltda.,
Rua Frei Luís, 100 – Petrópolis, RJ.